如何读中国瓷

How to Read Chinese Ceramics

大都会
艺术博物馆藏
中国陶瓷精品
导览

Denise Patry Leidy

[美]李丹丽 著

丁雨 译

北京大学出版社

著作权合同登记号　图字：01-2016-1064

图书在版编目（CIP）数据

如何读中国瓷：大都会艺术博物馆藏中国陶瓷精品导览 /（美）李丹丽著；丁雨译 . — 北京：北京大学出版社，2022.1

（培文·艺术史）

ISBN 978-7-301-32254-3

Ⅰ. ①如… Ⅱ. ①李… ②丁… Ⅲ. ①古代陶瓷 — 鉴赏 — 中国 Ⅳ. ① K876.3

中国版本图书馆 CIP 数据核字（2021）第 132401 号

Copyright © 2015 The Metropolitan Museum of Art, New York. This edition published by arrangement with The Metropolitan Museum of Art, New York

本书中文简体翻译版由美国纽约大都会艺术博物馆授权给北京大学出版社出版发行

书　　　　名	如何读中国瓷：大都会艺术博物馆藏中国陶瓷精品导览 RUHE DU ZHONGGUOCI: DADUHUI YISHU BOWUGUAN CANG ZHONGGUO TAOCI JINGPIN DAOLAN
著作责任者	［美］李丹丽（Denise Patry Leidy）著　　丁雨 译
责任编辑	于海冰
标准书号	ISBN 978-7-301-32254-3
出版发行	北京大学出版社
地　　　　址	北京市海淀区成府路 205 号　100871
网　　　　址	http://www.pup.cn　新浪微博：@北京大学出版社 @培文图书
电子信箱	pkupw@qq.com
电　　　　话	邮购部 010-62752015　发行部 010-62750672　编辑部 010-62750883
印　刷　者	天津联城印刷有限公司
经　销　者	新华书店
	889 毫米 ×1194 毫米　16 开本　9 印张　120 千字
	2022 年 1 月第 1 版　　2022 年 1 月第 1 次印刷
定　　　　价	120.00 元

未经许可，不得以任何方式复制或抄袭本书之部分或全部内容。

版权所有，侵权必究

举报电话：010-62752024　电子信箱：fd@pup.pku.edu.cn

图书如有印装质量问题，请与出版部联系，电话：010-62756370

目 录

馆长致辞　003
引言　005

1　彩陶壶　014
2　彩绘陶壶　017
3　彩绘陶女舞俑　021
4　彩绘陶镇墓兽　023
5　彩绘陶乐伎俑　027
6　白瓷钵　031
7　三彩鸿雁云莲纹盘　034
8A　三彩罗汉　036
8B　三彩罗汉　037
9　越窑青瓷刻划花龙涛纹碗　040
10　定窑白瓷葵口盘　042
11　剔花缠枝牡丹纹梅瓶　045
12　磁州窑白地黑褐彩"春水"枕　048
13　耀州窑青瓷印花婴戏纹碗　052
14　钧窑天蓝釉碗　056
15　建窑兔毫盏　058
16　吉州窑酱釉白彩月影梅纹茶盏　060
17　龙泉窑青瓷鱼龙耳瓶　062
18　景德镇窑青白瓷划花缠枝莲纹玉壶春瓶　064
19　景德镇窑青花缠枝牡丹纹梅瓶　067
20　景德镇窑青花抱月瓶　070
21　景德镇窑暗花白瓷僧帽壶　073
22　景德镇窑青花波涛翼兽纹罐　076
23　景德镇窑青花庭园婴戏纹碗　080
24　景德镇窑青花五彩莲池鲤鱼纹罐　085
25　景德镇窑青花道教神仙图盒　086
26　景德镇窑青花周敦颐赏莲图瓶　088
27　景德镇窑青花狮子纹大盘　092
28　景德镇窑青花鹿马纹富士山形盘　095
29　景德镇窑青花莲池鹅纹盘　098
30　德化窑白瓷达摩像　101
31　宜兴窑紫砂梅花壶　104
32　景德镇窑青花文王访贤图笔筒　106
33　景德镇窑酱釉口青花团花纹水烟壶座　110
34　景德镇窑五彩描金四季花卉瓶　113
35　景德镇窑豇豆红釉莱菔瓶　117
36　景德镇窑五彩描金海波龙纹盘　120
37　景德镇窑青花伞下仕女图盘　124
38　景德镇窑粉彩九桃天球瓶　128
39　景德镇窑绿地轧道粉彩描金山水图瓶　131
40　景德镇窑青花釉里红莲池鹭纹盘　135
41　景德镇窑墨彩浅绛山水高士图瓶一对　136

延伸阅读　139
致谢　140

馆长致辞

  大都会博物馆收藏的中国陶瓷器年代跨度达五千年，包含器皿和雕塑，在风格、材质和技术上均表现出多样性。此书选取了最具代表性的藏品，其中既有常见的典型器物，也有稀见的作品。这些藏品将让读者领略中国陶瓷工匠从新石器时代直到近代所取得的巨大成就。诚如此前的"如何读……"丛书一样，亚洲部布鲁克·鲁塞尔·阿斯特专席研究员李丹丽在书中娓娓道来，引领读者更深入地理解和欣赏每一件艺术品的意义，以及它们背后的文化。

  此书出版于2015年，恰值大都会艺术博物馆亚洲艺术部创建一百周年。亚洲艺术部是大都会艺术博物馆最大的学术研究部门之一，自1915年建立以来，它已经收藏了上下五千年的各类文物，展示出亚洲非凡艺术传统的博大精深。

  在众多杰出的传统之中，《如何读中国瓷》深研其一。它必将唤起读者的想象，并引发他们到我们的展厅中亲览这些精彩的作品。

托马斯·P. 坎贝尔（Thomas P. Campbell）
大都会艺术博物馆馆长

引 言

世界上多数利用黏土的技术发明于中国。在中国，众多区域都出产精妙绝伦的陶瓷，这些陶瓷在器形、装饰和功能的多样性上均胜过其他文明的陶瓷产品。雕塑和器皿被用于装饰墓葬、家居和书房；用作饮器，特别是茶器、酒器；用作餐具；还被赋予了社会和文化含义，譬如美好的祝愿或宗教信仰。不仅如此，最晚从 8 世纪开始，中国陶瓷，特别是瓷器，开始成为具有世界影响力的角色。时至今日，"china"还是瓷器和其他精致黏土制品的同义词。

中国陶瓷最早出现于新石器时代（约前 5000 — 前 1700；图版 1）。6 世纪左右，世界上技术最先进的陶瓷也出现于此，且数量惊人。在此之前，陶器主要用于墓葬中，充当青铜器和漆器的替代品（图版 7）。侍者俑（图版 3、5）与动物俑（图版 4）被认为能够在阴间服务死者。这一传统最著名的例子当属规模宏大的秦始皇陵兵马俑。自 1974 年发现出土以来，其考古发现持续地增进着人们对中国陶瓷史的认识。

一些因素促成了中国陶瓷手工业在 6—10 世纪的大发展。其中一些是技术因素，比如一系列釉彩的发展和瓷器（porcelain）的发明（图版 6）。另外一些是社会因素，比如饮食方式的变化，特别是饮茶（图版 15、16、31）的流行。还有一些是经济因素，由于亚洲跨海贸易的扩张，大量陶瓷的运输变得便捷。至 8 世纪，中国陶瓷与其他地方生产的陶瓷相比，更加坚致耐用、色彩缤纷，因此在朝鲜、日本、东南亚、中东以及东非成为贵重的贸易商品。

在这一时期，数以百计的窑场遍及中国，全力开工，以满足日益增长的需求。有些窑场生产日用陶瓷，有些则生产贸易陶瓷，还有一些为宫廷制作。其中一些施青釉或蓝绿釉（图版 9、13、14、17、18），近似于玉的优美和半透明的感觉；有一些施以褐釉或黑釉（图版 15、16）；还有一些用刻划（图版 11）或用黑褐彩绘（图版 12）表现活泼的图案。这一时期，瓷器多以窑场所在地的历史地名分类。14 世纪之后，多数窑场消失了，一种新产品——用钴蓝绘制的瓷器（图 1 和图版 19）和一个新的生产中心——地处东南的江西景德镇开始主导了中国的陶瓷产业。

图1 景德镇窑青花鱼纹大盘，元代（1271—1368），14世纪中期，直径18英寸（45.7厘米）。1987年，理查德·E.林伯恩夫人（Mrs. Richard E. Linburn）捐资购藏（1987.10）。

青花瓷发展于元代，这是陶瓷史上最重要和最具影响力的大事。15世纪时，景德镇建立起世界最大的窑场，制造了数十万件瓷器，其中很大一部分用于贸易，特别是远销中东（图2）。如今收藏存世的早期青花瓷最丰富的地方是伊朗的阿德比尔神庙（Ardebil Shrine）和土耳其的托普卡比宫（Topkapi Saray）。16世纪时，越南陶工生产出了仿中国青花瓷的炻器（stoneware）。在土耳其、稍晚在墨西哥，人们也使用陶土生产复制青花器，但并非瓷器。

亚欧之间的海上贸易可追溯至著名的葡萄牙探险家瓦斯科·达·伽马（Vasco da Gama，约1460—1524）。15世纪末，他绕过非洲好望角，成为第一个从海路到达印度的欧洲人。达·伽马的壮举为随后逐步扩张至全世界的中国陶瓷贸易铺平了道路。此前，只有少量中国瓷器出口到欧洲。它们被视作奇珍异宝，常常嵌设金属架座（图3），并主要用于展示陈设。16世纪时，葡萄牙人已开始为宫廷定做瓷器（图版27）。17世纪时，当荷兰人取代葡萄牙人成为主要的跨洋贸易商，600多万件中国陶瓷被运往欧洲，这其中既包括以外销为主的瓷器种类（图版29），也包括来样加工的瓷器（图版37）。中国瓷器在欧洲被收藏、陈列，用于装饰宫殿（图4）与住宅，也用于餐饮。中国瓷器改变了欧洲人的用餐——他们原本是使用锡器或锡釉陶器当作餐盘的。

图2 "黑笔"（Siyal Qalem）画派，《诱拐中国公主》（细部），册页画，约15世纪。伊斯坦布尔托普卡比宫（Topkapi Saray）图书馆，H.2153 fol.103r。

1709年间，欧洲在德国麦森首次生产出瓷器，但此后中国瓷器和相对较次的日本瓷器仍在欧洲广受欢迎。瓷器的到来刺激了史无前例的技术、器形、纹样的交流。中国文化丰富的视觉语言呈现于这些作品上，包括风景（图版39、41）、花鸟（图版34、40）、蔬果（图版38）、神兽（图版22）、现实中的动物（图版24）、婴戏（图版23）、故事人物（图版26、32）以及宗教形象（图版8、25、30）。这些视觉语言流传到包括德国、法国、英国乃至美国（美国1784年开始与中国开展了直接贸易）等西方国家的瓷器传统中，并被重新诠释。可以说，当瓷器使用成为一种世界语言，中式器形和纹样提供了语法，这一情形甚至延续至今。

每一件陶瓷器的生产都包含了一系列关乎技术和审美的决策，其中包括选择陶土、器形，以及如何装饰。这些选择影响了陶瓷器作品的外观。对任何一件陶瓷器的欣赏均涉及对其制法、器形来源与使用、装饰技法、装饰与器形的融合、意涵表达等方面的理解。

陶瓷生产几乎处处可见，所以各地往往使用不同的

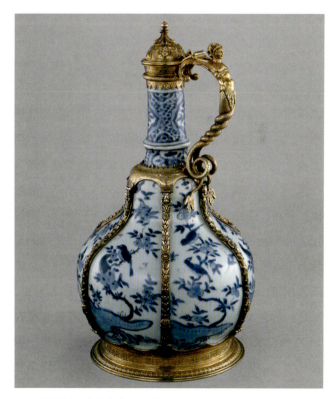

图3 景德镇窑青花执壶，明代（1368—1644），万历时期（1572—1620），约1585年。银鎏金架座，英国（伦敦），高13⅝英寸（34.6厘米）。1944年，罗杰斯（Rogers）基金购藏（44.14.2）。

图4 瓷器屋一览,夏洛腾堡宫(柏林),约1706年。图片来源:普鲁士皇宫和花园基金会档案,柏林-勃兰登堡。

术语定义不同类型的陶瓷,并使用各种不同的陶瓷装饰技法。在中文里,黏土制品(clay)的类型被细分为两大类:低温烧制的称为"陶",高温烧制的称为"瓷",二者组合成"陶瓷"。在西方学界,clay 一词可指胎体、泥浆、素瓷、素烧器;本书对其分为三大类:陶器(earthenware)、炻器(stoneware)、瓷器(porcelain)。陶器一般呈现灰色、浅黄色或红色,透水,易磕损,烧成温度在 1000~1150 摄氏度。炻器一般呈现象牙白、灰色、棕色或黑色,不透水,不易磕损,烧成温度在 1100~1300 度。瓷器一般是白色的,由高岭土和一种被称为"白不子"的长石原料混合制成,经过像烧炻器一样高温烧成。瓷器是最为坚致卫生的陶瓷制品,其烧成温度在 1200~1400 度左右。porcelain 是一个西方术语,源出意大利语 porcellana,或货贝(cowrie shell),用贝壳半透明的状态类比瓷器。陶土开采获取后需要淘练方可使用。

塑形可采用多种方法,包括轮制、模制或二者结合。如果采用拉坯法(图5),则黏土会随快轮的转动而塑形;模子(图6)往往也是用黏土做的,它提供了器物的形状,有时兼及装饰。黏土制品也可用工具刻划花纹,手工刻绘后覆以化妆土或釉。如若绘制图案,则可直接绘制在坯体(图7)、化妆土上,或绘制于釉上、釉下皆可。化妆土是一层薄薄的湿黏土,釉主要也是由黏土制成,但是它比化妆土要厚,施于胎上,烧制时会发生玻璃化。化妆土通常是白色的,釉是透明的或者是有色的。17 世纪晚期至 18 世纪早期,景德镇的窑场通过实验发展出数种雅致的高温釉,包括被称为"豇豆红"的淡红釉(图版35)和微微泛青的月白。瓷器,无论是模制还是轮制,经常可见透明釉

图 5 瓶与碗的塑形，约 1825 年。纸本水粉画，中国，21¼×15½ 英寸（54×39.4 厘米）。皮博迪·埃塞克斯博物馆（Peabody Essex Museum），1983 年，博物馆使用匿名基金购藏 E81592.7。

下用矿物钴蓝料绘青花（图版 19）或用铜红料绘釉里红。除此之外，也可用彩料在透明釉上绘制。这一时期，彩料也和釉一样，获得长足发展，出现了各种新色彩和不同色调（图版 38）。

瓷器成型之后，则需要入窑烧制，施釉绘彩前后均可。目前可知中国最早的窑是新石器时代广泛使用的浅坑。这类窑大约与农业的发展同时，伴随着储存食物的需要而出现。它们一般是把地表挖空然后装满陶器，再在四周堆满木头之类的可燃物。这类窑热量不足无法烧制釉，而且采用这类方法烧制的早期彩陶往往非常易碎。形如蜂巢、顶部较圆的窑炉能够提供更高更均匀的温度——只需在其圆形火膛下方放上木材或煤炭。公元 500 年前后，中国已发展出龙窑（图 8）。龙窑把一系列蜂巢形的窑室连接起来，能够提供更高的温度，装烧更多的器物。

有时还会把器物放入匣钵中，保护器体免受烧窑时的扬灰污染。

很多中国陶瓷的器形可追溯至中国早期文明中的陶器或铜器。例如，一种被称为"尊"的储藏器最早出现于新

图 6 早期碗模与现代采用此模制碗，北宋（960—1127），11—12 世纪。刻花炻器（可能是耀州窑），直径 5½ 英寸（14 厘米）。1916 年，卢芹斋捐赠（16.149.1）。

图7 画青花,约1825年。纸本水粉画,中国,20⅞×15⅜英寸(53×39.1厘米)。皮博迪·埃塞克斯博物馆,1983年,博物馆使用匿名基金购买E81592.16。

图8 烧龙窑,约1825年。纸本水粉画,中国,20⅞×15⅜英寸(53×39.1厘米)。皮博迪·埃塞克斯博物馆,1983年,博物馆使用匿名基金购买E81592.14。

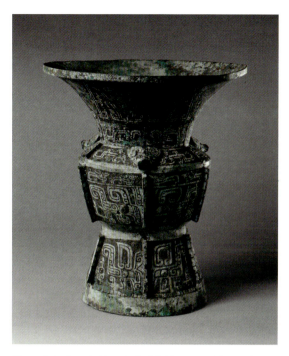

图9 青铜尊，中国，商代（约前1600—前1046），公元前13世纪，高15¾英寸（40厘米）。1943年，罗杰斯基金购藏（43.25.1）。

图10 花鸟纹瓶一对，德国，麦森瓷厂，1733年。釉上彩绘瓷，高9⁹⁄₁₆英寸（24.3厘米）。莱斯利和艾玛·谢弗（Lesley and Emma Sheafer）旧藏，1973年，艾玛·A. 谢弗遗赠（1974.356.504）。

石器时期，在商代被重新设计为青铜礼器（图9），之后在16世纪晚期至17世纪早期又以瓷器的形式再度出现。18世纪，这种影响长远的早期器形——通常视为瓶而非储存器——传到了欧洲，在德国麦森和欧洲其他地点又获得了新的诠释（图10）。这对德国花瓶上的花鸟纹是中国绘画和器物中的传统纹样。选择牡丹和菊花这两种花卉同样也反映了中国的影响。在中国，这两种广泛流行的花卉分别代表夏天与荣华、秋天与长寿。在器表以釉上彩作三段式纹样用也可追溯至中国。这种器形的变种，即直壁无中间鼓腹部分的器形，在中国和欧洲均有生产，常见于组饰瓶（garniture），陈设在欧洲高级住宅中（图11）。在17世纪晚期荷兰陶器组瓶中，包括两件大口尊、两件葫芦瓶和一件大盖罐，其器形均可以追溯至更早的中国原型，而器皿颈部的花纹和包括牡丹在内的春夏花卉纹在整体图案中的使用亦如是。

除此之外，中国的一些器形，特别是14世纪之后的一些器形，体现了中国工匠对国际客户需求的回应。比如说，中国从14世纪中期开始生产的大盘（图1），反映了当时元朝统治者及与之有亲缘关系的伊斯兰世界的宫廷共餐习惯。在中国餐饮中，一般是个人单独使用较小的碗盘的。伊斯兰的器形，特别是金属器（图版20），于14—15世纪被介绍至中国，并在此之后经历了持续再创造的过程。一些特定的器形和纹饰是为日本（图版28）、南亚和东南亚（图版33）生产的，尽管当时越南、泰国和日本也在亚洲市场与中国展开了竞争。日本为欧洲提供了相当数量的陶瓷，在器形和纹饰的演进上也扮演了有趣的角色（图版36）。17世纪晚期的一件日本香炉（图12）和18世纪早期的一件维也纳盖碗（图13），均为圆腹、三足、双方耳，这些特征来源于中国早期礼器。另一方面，中国陶瓷的一些特定器形可追溯至欧洲原型。有

图11 欧洲绘画馆一景：橱柜上展示荷兰组饰瓶五件套，荷兰，德·梅塔勒（De Metaale）陶艺厂（总裁兰伯特斯·凡·恩霍恩 [Lambertus van Eenhoorn]，荷兰人，1651—1721），约1690年。彩绘锡釉陶器（代尔夫特窑），葫芦瓶高19⅝英寸（50厘米）；盖罐高21英寸（53.5厘米）；大口瓶高18⅞英寸（48厘米）。2006年，希德·R. 巴斯（Sid R. Bass）夫妇捐资购藏，以纪念查尔斯·赖茨曼（Charles Wrightsman）夫人（2006.309.1a，b-5）。橱柜，（传）荷兰，让·凡·麦克伦（Jan van Mekeren，约1658—1733）之作，约1700—1710年。橡木制，表面以玫瑰木、橄榄木、乌木、冬青木、郁金香木、小檗木和其他部分染绿木材薄片镶嵌。1995年，露丝和维多利亚·布拉姆卡（Ruth and Victoria Blumka）基金（1995.371a.b）。

图12 肥前窑柿右卫门样式五彩香炉，日本，江户时代（1615—1868），17世纪晚期，高4⅛英寸（10.5厘米）。汉斯·西兹（Hans Syz）收藏，1995年，史蒂芬·B. 西兹和约翰·D. 西兹（Stephan B. Syz and John D. Syz）捐赠（1995.268.114a，b）。

图13 风景人物纹盖碗，奥地利，维也纳，德·帕奎尔（Du Paquier）时期（1718—1744），约1725年。釉上彩绘瓷，高6英寸（15.2厘米）。汉斯·西兹旧藏，1995年，史蒂芬·B. 西兹和约翰·D. 西兹捐赠（1995.268.303a，b）。

图14 景德镇窑青花蒙蒂思凹口碗，清代（1644—1911），康熙时期（1662—1722），约1715—1720年，直径12⅝英寸（32.1厘米）。海伦娜·伍尔沃斯·麦坎（Helena Woolworth McCann）旧藏，1960年，温菲尔德（Winfield）基金会捐资购藏（60.8）。

图15 图14碗内俯视图。

一种被称为蒙蒂思（Monteith）的凹口碗（图14），是以发明这个器形的苏格兰人的名字命名的。这种凹口碗是用来冷却玻璃杯的，大约出现于1683年，一开始是银制的。此处的这件中国青花瓷凹口碗，是为英国或荷兰市场制造的。其外壁绘有开光花鸟图案，多为中国传统纹样。器内绘制有博古纹样（图15），亦为中国传统题材，常见于金属器和纺织品上。

19—20世纪，西方人对于中国瓷器的迷恋仍在继续。随着贸易的深入，造型、图案的相关交流，对亚洲瓷器的收藏与展示也在持续。比如说，1870年大都会艺术博物馆建立之后，中国瓷器位居其首批收藏的亚洲艺术品之列。本书中讨论的一些器物，是在1879年（图版32、33、40）或1913年（图版34、35）入藏的，比1915年远东艺术部（1986年更名为亚洲艺术部）的成立更早。但到那时，中日陶瓷与西方制品之间复杂交流的关注发生了戏剧性的变化。对城市化、工业化的普遍忧虑构成了工艺美术运动（1880—1910）的基础，引发了人们对于早期中国陶瓷，特别是8—12世纪酱釉、黑釉器物的兴趣。其表现力和感染力极受称赏，对于实验陶瓷和艺术陶瓷（即一件作品从头到尾由一人完成）具有相当的影响力。当时人们觉得代尔夫特、麦森或塞夫勒等欧洲瓷厂的制品缺乏内在吸引力，新的审美观应运而生。中国的器形、釉及图案依然是世界陶瓷的基础。如今，全球的陶瓷工匠仍经常造访瓷都景德镇进行学习与工作，他们仍能从绵长而富有革新精神的中国传统中获得灵感，而这一传统仍在被重新发现、重新想象、重新构建。

1
彩陶壶

新石器时代，马家窑文化，半山类型，约前 2650 — 前 2350 年
高 13 3/8 英寸（34 厘米）
夏洛特·C. 和约翰·C. 韦伯（Charlotte C. and John C. Weber）旧藏，
1992 年，夏洛特·C. 和约翰·C. 韦伯捐赠（1992.165.9）

这件新石器时代的陶壶是体现陶器在中国和其他一些地方的启蒙重要性的绝好范例，因为它们能够帮助辨认文字出现之前的文化，并把各处文化区别开来。陶器表面的涡纹表明它生产于西北地区马家窑文化（约前 3300 — 前 2050）的半山时期（约前 2650 — 前 2350）。马家窑文化是更早的华北中部的仰韶文明（约前 5100 — 前 2700）的变种。这类涡纹一般由两种颜色交错绘制，是那个时期最为流行的纹饰。尽管涡纹在新石器陶器上十分常见，且不止见于中国，但它们仍然很神秘，因为其蕴含的意义众说纷纭。墓葬中出土了数以千计的这类陶壶，而这些陶壶原应是日常用品。它们证明了马家窑农业文化的复杂性——这种文化已经足以支持一组特定人群绘制陶器了。

此壶采用泥条盘筑法制造，并磨光表面。绘制陶器亦用同样的陶土，用水相和；再加入铁以制出红色，或加入铁、锰制出黑色。图案之精准，特别是涡纹末端的三角形转折，表明应是使用了柔韧的笔刷之类的工具。图案中可以看出对线条的品质和律动的关注，这后来也成为中国书画的主要特征之一。

在器物肩部和颈部还有另外的线条和锯齿状的图案，加强动感。器口内侧黑色花环状的图案与器体外侧图案底部的纹饰呼应。器体的素面下部和双耳让器物可以稳定地部分埋于土中。双耳很可能用来绑上绳子，使其便于携带。

尽管陶器器形在半山至马厂时期变化不大，但装饰的

图 1.1—1.2 彩陶壶（正视与侧视图），新石器时代，马家窑文化，马厂类型（约前 2350—前 2050），高 12⅜ 英寸（31.4 厘米）。夏洛特·C. 和约翰·C. 韦伯旧藏，1992 年，夏洛特·C. 和约翰·C. 韦伯捐赠（1992.165.8）。

变化可以帮助我们把马厂时期的陶瓷和更早的半山时期的陶瓷分开。与半山时期的连续性装饰图案不同，马厂时期陶瓷的图案往往会分为若干部分。这一点可以体现在这件马厂时期的储藏壶（图 1.1 和图 1.2）上，其前后有神秘人形，两侧则绘有篮纹。这些人形有小小的圆形头部，内部填以阴影线和点，中央躯体延展出弯曲的肢体，肢体末端有指头，关节处可见一丛丛毛发或羽毛。如此人形的含义至今尚不清楚。有时候它们会被解释为青蛙之类自然生物的抽象形象化代表，也有其他假说认为它们象征萨满的皮毛服装，或这些宗教领袖在仪式中发生的变身给他们与精神世界沟通的神力。那个时代并无文字记录，因此关于宗教习俗，我们并没有确切的信息或事实。但是马厂陶器上迷人而神秘的图像似乎暗示某种信仰系统的存在。"萨满教"一般是用于描述这类早期宗教习俗的通称。

2
彩绘陶壶

西汉（前206—公元9），前2世纪晚期至前1世纪早期
高 22⅛ 英寸（56.2厘米）
1986年，唐骝千（Oscar Tang）夫妇捐资购藏（1986.170a，b）

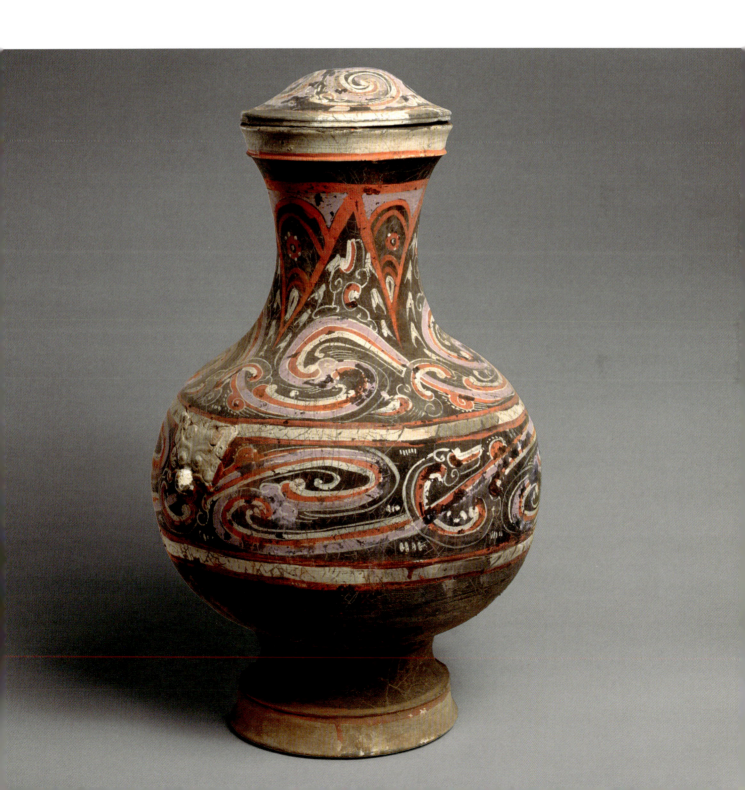

尽管此壶的造型可追溯至新石器时代的陶器，但其器形，特别是方直的唇部与足部，更直接来源于如图所示（图2.1）的公元前6世纪前后生产的青铜礼器。颈部绘制的三角形纹饰和器身横向分段纹样也模仿了青铜器的纹饰，两侧可能用于把手或提环的兽面贴花也不例外。

器表主要绘制了充满活力且色彩明艳的旋涡纹，这种纹饰与小型曲线纹及其他附属纹饰交织。这些被称为"云气纹"的纹饰在西汉艺术品无所不在，也常见于纺织品、漆器、青铜器上。一般认为它们代表了神仙居住的仙境，是灵魂由生至死时的必经之处。卷曲云气中泛出沿着壶颈升起的箭头图案，更加强了穿越此境的兴奋愉悦。

壶侧面细节。

图2.1 青铜壶，春秋时期（前770—前476），公元前5世纪早期，高15⅜英寸（39.1厘米）。1999年，罗杰斯基金购藏（1999.46a，b）。

西汉时，死亡被视为生命（以某种方式）的继续，而墓室是死者地下的居所，因此在墓葬中会配有仆从和器物，让墓主人在死后也能保持其社会地位和优雅的生活方式。其中一些被称为"生器"，是墓主人生前所用之器，一些是祭器，还有一些是专门为丧葬制作的器物（明器）。这件壶属于第三类，并无实用功能。它渗水性强，很难盛装实际的液体。但它应是在庆典中用于供献灵魂酒醴之类的液体，伴随死者去向另一个世界；或是在一些活动中供给这些液体，让死者（或者他们的部分灵魂）享受他们奢华的死后生活。

此壶为轮制，并用多种矿物颜料如白色、黑色、红色、紫色等绘制。其中的紫色被称为"汉蓝"或"汉紫"，这是因为人们曾以为它最早出现于汉代。但最近，在甘肃省公元前3世纪的马家塬墓地出土的更早的陶器上也发现了这种彩料。

3
彩绘陶女舞俑

西汉，前 2—前 1 世纪
高 21 英寸（53.5 厘米）
夏洛特·C.和约翰·C.韦伯旧藏，1992 年，
夏洛特·C.和约翰·C.韦伯捐赠（1992.165.19）

在绝妙的平衡中，这件非凡的舞者像抓住了张力十足的瞬间：舞者静立，一袭长袖后甩，另一袭长袖几近曳地，双膝微曲，静候下一节表演的开始。

这件陶塑以灰陶模制，施以彩绘。这些颜色未经火烧，因此十分脆弱，容易脱落消失。舞者的黑色长发中分，在后面用带子扎成发髻。她身着长袍，袖有三重，系有带吊饰的腰带。从脖颈处看，残留的色彩暗示了她的贴身衣物为白色。她的长袍主色调是红色，长袖则红白相替。袖子上原本可能还绘有其他图案。如下图所示，她穿着前端分叉的精致鞋子，几乎全部被长袍的喇叭口边遮挡。这是汉代艺人常穿的服饰。

西汉时，除了器皿和其他日常用品，乐师和舞者陶俑亦作为"明器"见于墓葬，特别是社会精英的墓葬。这件作品很可能描绘了一场缓慢优雅的舞蹈表演，就像当时诗赋中描绘的那样动人：

奋长袖之飒俪。
要绍修态，
丽服飐菁。
眠藐流眄，
一顾倾城。①

在早期中国，音乐舞蹈在宫廷祈求天人和谐的礼仪中扮演了重要角色。根据《礼记》记载，拥有庞大的舞团是皇帝的特权，而贵族能够拥有的艺人数量取决于他们的地位等级。这位舞者很可能曾属于某个歌舞团体，原本应是为某位身份高贵的贵族随葬用的。尽管它们肯定是为死后生活提供娱乐的，但这类俑在丧葬仪式中也有重要作用。舞者一般被认为可担任（至少可以隐喻）女祭师或萨满，与神沟通，并在由生至死的艰险道路上指引灵魂。

---
① 语出东汉张衡的《西京赋》。——译者注

4
彩绘陶镇墓兽

东魏（534—550）至北齐（550—577），6世纪中期

高 12¼ 英寸（31.1 厘米）

1979年，安·伊登·伍德沃德（Ann Eden Woodward）基金捐资购藏（1979.438）

鼓眼獠牙、血盆大口、长舌前吐、爪牙雄健，背上鬣毛尖突，短尾卷曲，这一系列形象组合而成了这件奇特的神兽。它臀部后坐，前爪支撑，作势欲扑。猛兽作势威胁，摆出恐吓的姿态，这让它成为合适的守卫者。它应是墓葬最重要的棺室门外两只镇墓兽中的一只。

尽管中国艺术中早在公元前6世纪就出现了带角吐舌的瑞兽，但如这件一般形象类似于狗或狮子的瑞兽，直到5世纪晚期至8世纪才出现。这种形象可追溯至西晋时期（265—316）墓葬中出土的形似犀牛的带角雕塑（图4.1）。与本件的形象不同，西晋神兽四脚站立，头部低垂，相貌呆滞，足部为蹄而非爪。有时，它们被认为是"穷奇"，牛身猬毛，声若鸦嗥，且食人肉。

这些镇墓猛兽往往与一对镇墓人俑共同出现，它们的流行可能与外族入侵的影响相关。比如说，兴起于东北地区的游牧部落鲜卑族，他们在建立若干小政权之后，控制了中国的北方，建立起国力强大、国祚绵长的北魏（386—534）。鲜卑族和与之相关的乌桓，认为献祭之狗的灵魂将会陪伴死者进入阴世。到了7世纪晚期，这类带蹄的镇墓兽（图4.2）开始变得更加奇异，它们会有角、

图4.1 彩绘陶镇墓兽，西晋，高10英寸（25.4厘米）。1968年，弗洛兰斯·沃特波里（Florance Waterbury）遗赠，以纪念她的父亲约翰·I. 沃特伯里（John I. Waterbury）(68.149.15)。

图 4.2 三彩镇墓兽，唐代（618—907），7 世纪晚期，高 30¾ 英寸（78.1 厘米）。1911 年，罗杰斯基金购藏（11.83.4）。

巨型耳朵、舌头似的凸起、尖锐直立的翅膀，在背部还会戟一般地凸起。

　　这件镇墓兽是用浅灰陶在黏土芯上模制而成的，外施石膏之类的白色颜料，再用红彩和少量黑彩绘制眼睛和头顶的毛发。同样是陶器，上图中（图 4.2）7 世纪晚期的例子头部彩绘，身体上釉。所施釉绿、褐、白三色，习称为"三彩"，它代表了唐代的明器。此类彩釉的使用，及这种大小接近 31 英寸的硕大体型，均暗示此镇墓兽原应出土于贵族墓葬。8 世纪中期之后，丧葬习俗变化，这类镇墓兽不再出现在中国人的墓葬中。

5
彩绘陶乐伎俑

唐代，7 世纪

高 15⅛ 英寸（38.4 厘米）

1978 年，匿名捐赠，以纪念路易斯·G. 迪林厄姆

（Louise G. Dillingham）（1978.345）

复杂的发式和服饰将这位迷人而矜持的女子与唐代出产的其他侍女俑区别开来。她的黑发被梳成两朵发髻置于头顶，并沿着她的后脑勺垂落。这种发型很可能需要铁线或其他方式的支撑，或者需要涂漆。她身着长度过臀的束腰外衣和一袭长裙。这件外衣有突出的硬领，宽肩、长袖拖曳、低胸，并在腰间配以宽腰带。裙子每侧有三套带子，末端呈三角形，不同寻常。外衣和袖上主要可见红、绿、蓝等颜色，反映出这套衣服原本的明艳色彩。她的鞋头上翘，为整体形象增色不少。这种鞋被称为云履，在 7 世纪的唐代宫廷中非常流行。

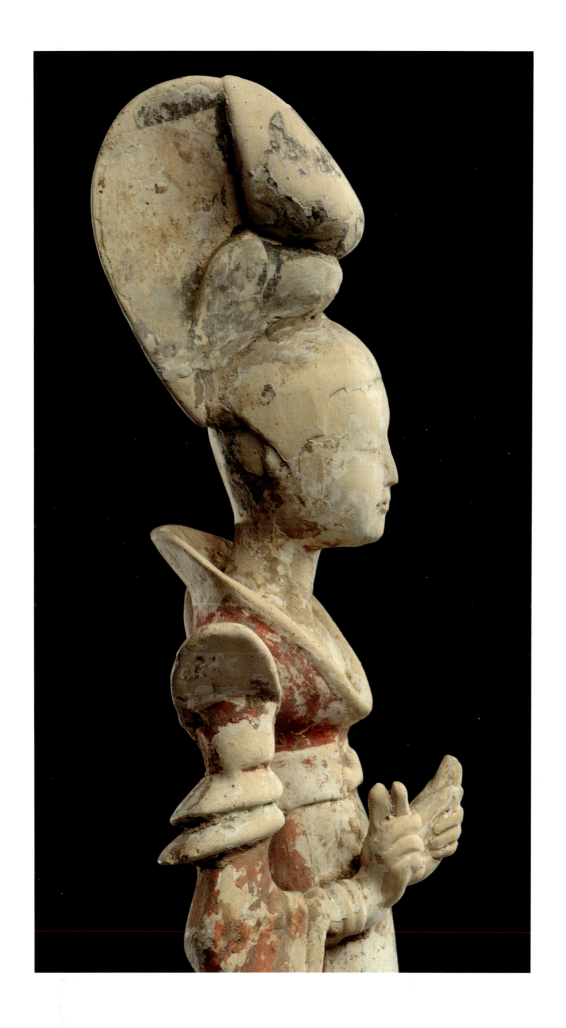

将这位人物鉴定为乐伎和舞者是基于她的手部。她手中握着圆形的器具,并配有绳子或带子绑在拳头上。看上去这个可能代表了某种拍板,表演时需要绑在腰间。大概松开器具时,它们可以在女子行走或起舞时,随着裙子飘带而摆动。这类少见的墓俑和众多模制的人物俑一样,只在 7 世纪中晚期非常短暂地生产过一段时间;他们的表演在短暂的时间后便可能不再受到人们的喜爱。

体现在这位 7 世纪中期侍女身上的修长优雅之美,到 8 世纪中期,被对丰满轮廓的偏好所取代(图 5.1)。品位的变化多被归因于杨贵妃(杨玉环,719—756)的丰满。她是唐代四大美女之一,在唐玄宗统治的最后岁月里深受皇帝宠爱。尽管当时被认为是中国历史中的盛世,但不久就因腐败、边患和 8 世纪中期的重大叛乱而陷入动荡。

图 5.1　陶官女俑,唐代,约 725—750 年,高 17¼ 英寸(43.8 厘米)。1990 年,斯坦利·赫兹曼(Stanley Herzman)夫妇捐赠(1990.291.5)。

6
白瓷钵

唐代，7 世纪

直径 3¼ 英寸（8.3 厘米）

夏洛特·C. 和约翰·C. 韦伯旧藏，1994 年，

夏洛特·C. 和约翰·C. 韦伯捐赠（1994.605.45）

在中国陶瓷器中，这件圆形敛口小钵的优雅器形，最早出现于7—8世纪。2003年在河南省巩义市附近的黄冶窑址出土了一批同类钵，有像此件一样施透明釉的，还有施深蓝釉和三彩釉的。这件器物曾带有盖子，且可能像类似的罐（图6.1）一样下方附有器座。这件钵很可能用于盛装化妆品，或异国香料及其他一些贵重物品。

尽管硅酸盐含量较高的高质量白色黏土早在青铜时代就已为中国人所知，但大约在6世纪，瓷器开始生产日常用品和随葬品时，这类材料才被广泛使用。与后来中国南方的发现不同，早期瓷器在化学成分上高铝低硅，它的烧成温度在1300摄氏度左右。

河南窑场生产瓷器时，其他窑场通过在炻器器体上施以厚厚的白色化妆土遮掩颜色和瑕疵来模仿瓷器（图6.2）。按照现在的标准，这些瓷器相对朴素，当时却有相当数量被当作贵重物品出口到伊拉克的萨马拉和埃及的福斯塔特。同时代的伊斯兰诗歌描述它有珍珠或月亮的光泽。

图6.1　绿釉陶带座盖罐，唐代，8世纪早期，高3⅛英寸（7.9厘米）。1930年，罗杰斯基金购藏（30.76.67a-c）。

图6.2　白瓷碗，唐代，9世纪，口径4¼英寸（10.8厘米）。1980年，詹姆斯·斯坦（James Stein）夫妇捐赠（1980.365）。

图 6.3　白釉蓝彩中国样式陶碗，伊拉克，可能来自巴士拉地区，阿巴斯王朝（750—1258），9 世纪，口径 8 英寸（20.3 厘米）。1963 年，哈里斯·布里斯班·迪克（Harris Brisbane Dick）基金购藏（63.159.4）。

早期伊斯兰陶瓷出现了不透明白色厚釉（图6.3），这种厚釉生产于8—9世纪伊拉克巴士拉地区。这可能反映了当时唐代白瓷的进口情况。上图中，伊斯兰陶瓷碗使用钴蓝装饰口沿，并在碗心题写阿拉伯文字"快乐"，进一步验证大唐与阿巴斯王朝具有共同审美品位的明证。究竟是哪种文化最先使用这种矿料目前仍有争议，在伊朗西北部和阿拉伯半岛上均发现了钴。伊斯兰陶瓷的研究学者长久以来认为这种碗应该是陶瓷史上最早使用钴料的，但是最近在中国的研究表明，随葬陶瓷中有在釉中使用当地矿料生产蓝色的实例，这应是最早使用钴料的例子。这种矿料是14世纪中期至17世纪晚期主导全球陶瓷贸易生产的青花瓷的颜料。

7
三彩鸿雁云莲纹盘

唐代，8 世纪

直径 11 ⅜ 英寸（28.9 厘米）

1914 年，罗杰斯基金购藏（14.66）

这件盘的器形来源于中国进口的金属器（很可能是银器），可能是通过丝路，来自伊朗萨珊王朝（224—651）或4—8世纪的贸易国家粟特（今乌兹别克斯坦一带）。此盘圆形、卷沿、小足张开斜支，与其金属器原型（图7.1）相似。此器陶制，外施厚厚的化妆土，仿效当时中国北方的白瓷。器物中心的图案是由饼状模子压印而成的。

鸿雁被模式化的八朵云彩和八朵莲花围绕，并施加以蓝、绿、黄三彩。稍显随意的施釉方法被认为是受到了纺织品的绞缬或夹缬染色法的影响。与同时期纺织品图案类似的包括中心团状花纹样式和模式化的莲花纹饰。7世纪晚期至8世纪中叶，这类三彩釉开始在中国兴起并被广泛使用，10—11世纪再度出现。其中的蓝彩可将此盘的年代断在8世纪前半叶，因为这种来源于钴料的颜色的使用不早于这个时段。

大部分使用此类釉的陶瓷都出土于墓葬中，特别是精英阶层的墓葬。三彩原本被认为是专门为墓葬生产的，特别因为釉中所用的铅是有毒的。但是，三彩器也出土于宫廷遗址、港口城市遗址，如扬州，沉船中也有发现。这类陶瓷中的一部分很有可能被用于仪典或展示场合，还有一小部分可能被用作外交礼物或贸易商品。

日本保存的三彩器，以及韩国、斯里兰卡、伊拉克、埃及出土的三彩器表明，中国当时这些陶瓷新品知名度高，需求量大，并常被模仿。8世纪时，日本生产出三彩器的变体，而关于三彩是否影响到早期伊斯兰陶瓷的问题，争论仍在持续。伊朗10世纪生产的一件陶碗（图7.2），施白色化妆土，刻棕榈叶状图案，并不规则地施以绿、黄、褐釉，这让研究者推断中国的奢侈品三彩可能西传，正如启发了此盘器形的金属器原型之东传。

图7.1 银鎏金鹿纹盘，唐代，8世纪，银盘镀金，宽24¼英寸（61.5厘米）。日本奈良正仓院。

图7.2 泼彩陶碗，伊朗，内沙布尔，阿巴斯时期，10世纪，口径10¼英寸（26厘米）。1938年，罗杰斯基金购藏（38.40.137）。

8A
三彩罗汉

辽代（907—1125），约公元 1000 年

高 41¼ 英寸（104.8 厘米）

1920 年，弗雷德里克·C. 休伊特（Frederick C. Hewitt）基金购藏（21.76）

8B
三彩罗汉

辽代，约 1000 年

高 50 英寸（127 厘米）

1920 年，弗莱彻（Fletcher）基金购藏（20.114）

如果这两件精彩的塑像为立姿，当比真人还高。它们应属于16件一套的陶塑作品。它们是陶塑中无可争议的杰作，大约出产于公元1000年前后，出自河北省。当时中国北方部分地区处于游牧民族契丹的控制之下。这两件陶塑表现罗汉（梵语为arhat）的形象。

"罗汉"这个词原本是用来描绘佛教的创立者——历史上的佛陀释迦牟尼的门徒的。释迦牟尼名乔达摩·悉达多，生活于公元前5世纪。久而久之，罗汉被视为佛教的护卫者，传授并践行佛法，尤其在乱世。虽然虔诚的信徒可与之沟通，但罗汉被认为居住于世外多山之地，这一点为这两位罗汉坐着的石台所暗示。就像这两件人像一样，其所坐的网状平台是用模子和陶板制成的，但它们与人像是分离的。

两位罗汉都穿着佛教僧服，深绿色的内衣外罩颜色鲜艳的披肩。衣着的厚度反映于折纹之深，尤其是前臂上厚重鲜活的折叠。披肩的釉色包括黄、绿、白，是7世纪晚期和8世纪早期发展出的明器色调。黄色是年轻罗汉的外衣的主调，绿色在年长罗汉的披肩上比较醒目。横、竖条纹影射佛陀身穿用碎布拼凑而成的外衣。

那位年轻的罗汉，锁眉绿发，转头右顾，并用他有力的双手抓住衣襟的边缘。年长的罗汉正面端坐，左手握着的卷轴很可能是一卷佛经。与高龄相配，他五官嶙峋；胸部与年轻罗汉相比有些塌陷，手上血管明显。二人的脸部、胸部、手、足均覆以相同的乳白色釉，但衣着上很少见。他们额头高耸，头发稀疏，这应与剃度有关。他们狭长的耳垂是长期以来印度宗教形象中精神境界的象征。他们均盘腿打坐，内省的神气加强了超然的状态。

在佛教艺术传统中，诸如佛与菩萨这样的神祇形象往往被刻画得十分理想化，因此这些陶塑在描绘罗汉时呈现的自然主义和个人特质就显得非常独特。这种对仿真体格与相貌的兴趣可能源于这样的事实：罗汉被视为世人可在现象世界中接触的历史人物。尽管他们被记载于印度文献中，但罗汉在南亚或东南亚艺术中并未被描绘、塑造。罗汉形象主要见于东亚，少量见于西藏。他们最早在8世纪前后出现于中国视觉艺术中，其形象刻画基于斯里兰卡传至中国的文献。这两件人像的个人化五官和年龄差异，可能也表明了早期印度信徒的塑像和当时中国僧侣的塑像有相通处。虽然他们并非肖像，但这些罗汉很容易被解读为真实的人、历经生活、衰老和努力修行的一生。

9
越窑青瓷刻划花龙涛纹碗

五代（907—960），10世纪

直径 10⅝ 英寸（27 厘米）

1918 年，罗杰斯基金购藏（18.56.36）

三条龙腾跃于这件深腹碗内浓笔渲染的写意云纹中。三条龙都是双角、圆目、凸吻，张口垂舌，身姿清健盘曲，三爪不凡。在中国历代文化中，龙是与雨水相关的强大存在，且往往被视为皇帝的化身。这种祥瑞之物与其身边围绕的云彩一起，是在施加东南地区浙江省越窑特有的翠青釉前，用刀和其他工具刻划在成型的碗坯上的。龙身上分布的小点可能仿自当时银器上常见的戳点纹，勾画的云纹为器内表面增加了丰富的背景。浅灰胎，器外壁施釉，素面，其高足可能受到银器器形的启发，底部亦施釉。此碗刻花精湛纯熟，飞扬灵动，又兼形制硕大，使其卓然不群，成为中国古陶瓷之名品。它可能是10世纪时中国各地小朝廷之一的宫廷用器。

9—11 世纪，超过 400 个越窑窑场处于生产活跃期。它们生产的器物或用于饮食，或用于展陈，或用作进献宫廷和地方政府的贡品，或用于日常消费，有些还出口到亚洲乃至中东等地。当时，这种微妙的灰青色泽很受欢迎，很多文章诗词对其大加赞美。比如 9 世纪晚期诗人陆龟蒙（卒于 881 年）的诗：

> 九秋风露越窑开，
> 夺得千峰翠色来。
> 好向中宵盛沆瀣，
> 共嵇中散斗遗杯。

这种优雅的釉色来自氧化铁的转化。在制釉烧成过程中，三价铁离子化合物转化为氧化亚铁，烧成温度一般需在 1000 摄氏度或略高（约相当于华氏 1800 度）。

中国人将这种特殊的青釉瓷器归类于"越"，此名来源于唐时生产地的名称。在西方，这样的瓷器一般都被归类为 celadon（青瓷）。这个名称一般被解释为来自法国作家奥诺雷·德·于尔菲（Honoré d'Urfé）的田园浪漫小说《阿丝特蕾》（L'Astrée）中系着绿丝带的同名人物。这部小说是欧洲文学中颇具影响力的作品。此外，celadon 这个名称也被认为源于埃及短暂的阿尤布王朝著名的创建者萨拉丁（Saladin，1137/38—1193）的名字。萨拉丁在 12 世纪晚期曾赠送叙利亚的统治者 40 件这样的中国瓷器。

10
定窑白瓷葵口盘

北宋（960—1127），11 世纪

口径 6⅝ 英寸（16.8 厘米）

1991 年，斯坦利·赫兹曼捐赠，以纪念阿黛尔·赫兹曼（Adele Herzman）（1991.253.16）

图 10.1 （传）宋徽宗，《文会图》（局部），北宋，12 世纪。立轴，绢本设色，72½×50⅞ 英寸（184.24×129.2 厘米），台北故宫博物院。

这件优雅瓷盘的花口亦可见于银器，由河北定窑生产。定窑于 10—14 世纪生产的瓷器，既是宫廷贡品，也用于佛教仪式；既用于餐饮，也见于官府富豪举办的各种庆典（图 10.1）。早期定窑瓷器对金属（特别是银器）器形的借鉴，表明在当时的奢侈品制造中，陶瓷作为更为贵重材质制品的替代物，重要性日益提高。

一些定器，如图 10.2 所示精美的大钵，有用刀、竹之类工具刻划的花纹。手刻莲叶和花朵布满器内壁，并环绕外壁一周。器内壁的两朵花看上去像是从中央枝叶丛中自然长出的一般。莲花由佛教引入，是纯洁的象征，它表明这件硕大的器物——从器形来看并非用于餐饮——原本可能是为了实现礼仪功能，推测是在佛寺中用于清洗和

图10.2 定窑白瓷刻划花莲纹钵，北宋（960—1127），11—12世纪，口径9¾英寸（24.8厘米）。1926年，萨缪尔·T.彼得斯（Samuel T. Peters）夫人捐赠（26.292.98）。

图10.3 定窑白瓷印花牡丹纹碗，金代（1115—1234），12—13世纪，口径8英寸（20.3厘米）。1913年，本杰明·奥特曼（Benjamin Altman）遗赠（14.40.155）。

斋戒的。采用象征高贵、美丽和富贵的牡丹纹装饰的小碗（图10.3）和大钵一样，其铜口沿是烧成后加上的。由于器体纤薄，两件器物均为覆烧，以防止烧造时器体变形凹陷。除了明显的实用性，这样的口沿还被认为能够加强陶瓷的吸引力。

这件碗在成形和装饰时均用了模子。这一技术于12世纪时在定窑和其他很多窑场中流行开来，以应对当时陶瓷需求的惊人增长。模制缺少手刻装饰固有的灵动性，但却可产生更为繁密细致的纹样构图。牡丹花叶是碗内壁的主体图案，在内壁中央是柔美的五瓣梅花。口沿内壁有一圈几何回纹，它们是从地中海地区传播到中国的。

11
剔花缠枝牡丹纹梅瓶

金代（1115—1234），12世纪

高 13 7/8 英寸（35.2 厘米）

1926年，萨缪尔·T. 彼得斯夫人捐赠（26.292.61）

象征富贵的缠枝牡丹布满瓷瓶表面。这一图案和足部、颈部的装饰花瓣均为剔刻器表所施土黄釉而成。先在器物外壁覆以白色化妆土，然后施以此釉，再剔刻出图案来。缠枝花叶和顶部、底部花瓣边沿的参差不齐，表明此类装饰为手刻。其花瓣中央更有留白处理。这种活泼的装饰是磁州窑器物的特色。磁州窑瓷器得名于河北省南部的磁州，同时用于称呼中国北方地区数以百计的窑场生产的瓷器，这些瓷器多为日用瓷而非外销品，多为民间用瓷而非宫廷消费。

这类瓶体形较高，略显方正，宽肩小口，很可能原本有盖子。中国最早的例子见于 11 世纪，被称为"经瓶"。18 世纪之后被称为"梅瓶"，因为经常被用于陈放花枝。

与中国陶瓷的很多器形不同，这种特殊的器形并没有古代礼器或同时期的金属器原型。它似乎是在 10 世纪之后随着陶瓷在餐饮中的使用增加而出现的。从 12 世纪早期墓室壁画上的备宴图（图 11.1）来看，它很有可能用于存储米酒，和这件一样的梅瓶也可能是用于陈设。它们被装饰得太过精美，因此似乎不太可能远离视线仅供存储使用。

图 11.1 《备宴图》（局部），张世卿（约卒于 1116 年）墓，河北省。

12
磁州窑白地黑褐彩"春水"枕

金代，12—13世纪

长 16⅛ 英寸（41 厘米）

1985年，欧内斯特·埃里克森（Ernest Erickson）基金会捐赠

（1985.214.132）

尽管它非常坚硬，且看上去很不舒服，但这件长方形陶瓷确是一件支撑头部或脖子、肩膀的枕头。这是一件典型的磁州窑器，灰胎，施以白色化妆土，绘以黑褐色的花纹，最后覆以透明釉。

此枕是磁州窑作品中少有的可知具体作坊的作品。底部的长方框中可见刻款"张家造"。张家因枕头而为世人所知。他们是磁州窑传统中唯一在作品上署名的艺术家，这表明张家枕头在当时备受喜爱。

此枕前侧、后侧和两侧快笔绘出的抽象涡纹常见于磁州窑瓷枕上。枕面上的活泼画面较为少见，既提示了此枕的年代，也暗示了可能的使用者。在潦草的芦苇河岸背景中，一只深黑色的小鹰在追逐一只比它大得多的黑天鹅。画面描绘的是春天捕猎天鹅场景，这是女真人一年一度的盛事。女真人是东北地区的游牧民族，在金代控制了中国北方大部分地区。

在金人统治时期，每年的春猎和与之相媲美的秋猎的重要性，可由此类主题在艺术作品中的流行程度来体现。同样的场景也见于金代的织金锦图案（图 12.1），和比之

图 12.1 "春水"织金锦（局部），金代（1115—1234），12—13 世纪，23×24¼ 英寸（58.4×61.6 厘米）。1989 年，安·伊登·伍德沃德基金会捐资与罗杰斯基金购藏（1989.282）。

稍晚的玉带饰（图 12.2）上。这类带饰也是从游牧世界传入中国的。捕猎的鹰隼出现于织金锦中泪珠形图案的顶部，也见于带饰的左上部。春猎图样在金代盛行，也在此后同样作为游牧民族统治中国的蒙元时期持续流行。

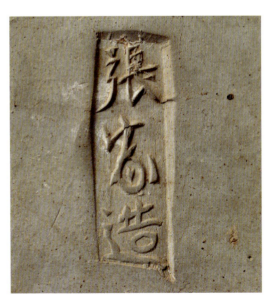

瓷枕款识。

图 12.2 "春水"玉带饰，金（1115—1234）元（1271—1368）时期，12—14 世纪，长 2¹¹⁄₁₆ 英寸（6.9 厘米）。1991 年，弗洛伦斯（Florence）和赫伯特·欧文（Herbert Irving）捐资购藏（1991.483）。

13
耀州窑青瓷印花婴戏纹碗

北宋，11—12 世纪

口径 7⅛ 英寸（18.1 厘米）

1911 年，山中定次郎捐赠（11.8.7）

　　斗笠碗内，两个可爱的胖小子在浓密的枝叶纹背景中蹦蹦跳跳。他们大大的脑袋上只留有一小撮头发，裸身仅脖子上戴着项圈，脚上穿的可能是短靴。这种孩童形象在中国早期艺术中并未扮演重要角色，但到唐代他们的形象已开始定型，所以这种丰满、几乎裸身的小孩儿一般被称为唐娃娃（Tang boys）。

　　缠枝婴戏图的形象可能是通过贸易传至中国的，尤其是通过陆上丝绸之路。小男孩儿与葡萄相配的主题（图13.1）常常被认为与酒神狄奥尼索斯相关，在罗马帝国艺术中非常流行；此外，在犍陀罗（今巴基斯坦一带）早期艺术中对此又有不同的诠释，有时会将它纳入佛教图像。

　　大约在 4 世纪，这一迷人的形象被引进中国，它最初被视为个体灵魂在佛教极乐世界再生的象征。到了唐代它们也开始寓意求子祈福，以致子嗣绵延、家族兴旺。

　　碗所采用的橄榄绿釉表明它是耀州窑器。于 10—14世纪生产于陕西和北方其他一些地方，主要用于日常消费，有时供奉宫廷。10 世纪中叶，烧窑燃料由柴木转变为煤，结果产生了此处所见的典型釉色。

图 13.1　青铜执葡萄孩童，罗马，帝国时代，1—2 世纪，高 2¼ 英寸（5.7 厘米）。1907 年，罗杰斯基金购藏（07.286.94）。

10—14 世纪，中国很多窑场生产出与此件器形、纹饰相同的碗。比如，南方制造的青白瓷碗（图 13.2）与这件北方耀州窑制品的图案几乎一致。除此之外，这些碗还有相似的外形，但是，南方产品是瓷器（porcelain）而非炻器（stoneware），其足部区别更为明显。此外，南方瓷碗施釉更薄，且呈现淡青色，不如多层施釉的耀州窑器浓厚。

这类装饰也传至高丽地区。在高丽，高温青釉制品从 10 世纪中叶开始生产。下方所示高丽瓷碗内刻制有两个男孩儿（图 13.3），体形比中国的稍显修长，并穿有短短的上衣。此外，与更为抽象的中国风格不同，高丽碗上的花朵枝叶可辨识为莲花。高丽青瓷略微偏蓝的色调代表了西方术语 celadon 所包含的釉色范围中的又一个例子。

图 13.2　青白瓷划花篦纹缠枝婴戏纹碗，南宋（1127—1279），12—13 世纪，口径 8¼ 英寸（12 厘米）。2011 年，亚洲艺术之友向屈志仁（James C. Y. Watt）致敬捐资购藏（2011.201）。

图 13.3　青瓷印花婴戏莲纹碗，高丽王朝（918—1392），12 世纪早期，口径 7¾ 英寸（19.7 厘米）。1911 年，山中定次郎捐赠（11.8.6）。

14
钧窑天蓝釉碗

北宋，12 世纪前半叶
口径 4⅛ 英寸（10.5 厘米）
1920 年，罗杰斯基金购藏（20.45）

这种可爱的钧窑小碗既为宫廷烧造，也可供平民消费。10—15 世纪，这类瓷器生产于河南的窑场中。在这些窑场中，如知更鸟蛋壳一般蓝的微妙釉色被创造出来。这种釉被归为青釉，源于对氧化铁的使用。这种蓝色是由于烧制时，釉中的不同成分分离成富二氧化硅和富石灰的玻璃。厚度是因为多层施釉。丰美釉色因布满表面的细密裂纹而增强，这种现象被称为"开片"。至今仍不清楚，这种效果最初究竟是源于窑场中的生产事故还是有意为之。

历史证据表明，天青釉和开片均为北宋宫廷所欣赏，特别是在热爱文艺的皇帝徽宗统治时期（1100—1125）。12 世纪早期，游牧民族女真建立金朝（1115—1234），灭掉北宋；对这种釉面的欣赏也在此时因宋廷被迫南迁杭州而由中国北方传至南方。

在之前对开片偏好的启发下，为满足新成立的南宋（1127—1279）朝廷的需求而于 1149 年左右在杭州附近建立的官窑生产的小碟上，出现了精心设计的大开片（图 14.1）。这种盘口沿色深，常被称为"紫口"，这一特征在两处以北方器物为原型替宫廷生产瓷器的窑场中非常典型。它可能曾采用金属包口和露胎的足沿，而这正是南方官窑的另一个特征。

宫廷品味可能促发了人们对开片和类似的釉面效果的兴趣，后来在中国陶瓷史上屡见不鲜，延续至今。比如，元代的这件纤薄的笔洗布满引人注目的开片（图 14.2）。这种效果也被称为"金丝铁线"，或通过表面染色加深开片纹路。这种装饰技术最早可追溯至北宋宫廷对于器表效果的兴趣。

开片细部。

图14.1　官窑青釉盘，南宋，12世纪晚期—13世纪，口径8⅝英寸（21.9厘米）。1924年，弗莱彻基金购藏（24.172.1）。

图14.2　哥窑笔洗，元代，13—14世纪，口径4¾英寸（12.1厘米）。1917年，罗杰斯基金购藏（17.57.2）。

15
建窑兔毫盏

北宋至南宋，11—12 世纪
口径 4⅝ 英寸（11.7 厘米）
H. O. 哈弗梅耶（H. O. Havemeyer）旧藏，
1929 年，H. O. 哈弗梅耶夫人遗赠（29.100.227）

圆锥状的形态让这款简洁的茶碗恰盈一捧。碗唇下微凹，有利于小口啜饮，胎釉的厚度既能保持茶温，又能隔热。9 世纪前后，青瓷碗被认为是奉茶喝茶的最佳选择。到了 11 世纪，黑釉碗和酱釉碗受到偏爱，因为它们能让搅动茶水所起的白沫颜色更加夺目。在快轮上，这件精致的作品用深色瓷土制成，覆以多层釉，近底处釉有垂流。釉中的氧化铁在烧制期间被熟练控制，创造出银色和泛金的褐色条纹，这种独特纹理习称为"兔毫"。

在福建建窑，这种茶碗大量生产供当地使用，在全球陶瓷史中扮演了惊人且重要的角色。建窑茶碗被僧人带去日本，这些僧人来到中国，去天目山附近著名的寺院学习。这些碗在日本备受珍视，它们是日本茶道的一部分，在日本茶道中用于搅拌茶汤。它们常被日本陶匠重新诠释：比如，一件 16 世纪日本茶碗（图 15.1）上的"兔毫"比早期的中国茶碗更加斑驳；日本碗的釉较薄，胎土偏棕色而非灰色。除此之外，日本碗釉下有刻出的凸脊，显示

俯视图。

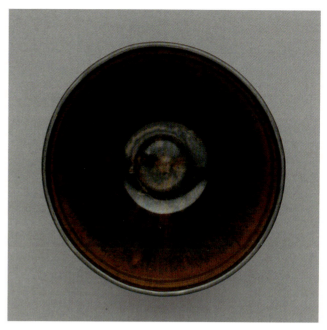

图 15.1 兔毫盏，日本，室町时代（1392—1573），16世纪，高 2⅞ 英寸（7.3厘米），口径 4⅞ 英寸（12.4厘米）。H. O. 哈弗梅耶旧藏，1929年，H. O. 哈弗梅耶夫人遗赠（29.100.234）。

了与中国茶碗相似的"泪痕"。

日语中对中国天目山的发音是 temmoku，这一词语经常被用来描述西方陶瓷上兔毫釉之类的纹饰。在强调每件作品由个人生产的美术与工艺运动（1880—1910）中，茶碗的器形和此类设计的使用，作为日本陶瓷中浪漫趣味的一部分，在19世纪晚期到20世纪初被引入欧洲。查尔斯·费格斯·宾斯（Charles Fergus Binns，1857—1934）制作的这件茶碗（图15.2）的器形可追溯至12世纪中国的发明，其釉延续了将较浅的氧化铁釉滴在较深的釉上创造兔毫纹样的传统。宾斯出生于英格兰，1895年前后移民美国。他被任命为纽约州立陶瓷学院（New York State School of Clay-Working and Ceramics）的创始校长。该学院现在位于阿尔弗雷德大学校内，是1900年由州长西奥多·罗斯福创办的。宾斯也是美国工作室陶艺运动的创始人，这一运动的传统仍在创新发展中国的兔毫盏。

图 15.2 查尔斯·费格斯·宾斯（美国人，1857年生于英格兰，1934年卒于阿尔弗雷德，纽约）。黑釉碗，1920—1930年代早期，高 2½ 英寸（6.4厘米），口径 7½ 英寸（19.1厘米）。1934年，亨利埃塔·M. 克劳福德（Henrietta M Crawford）女士捐赠（35.91）。

16
吉州窑酱釉白彩月影梅纹茶盏

南宋至元代，13—14 世纪
口径 4¾ 英寸（12.1 厘米）
1924 年，罗杰斯基金购藏（24.100.1）

暗香浮动月黄昏。

著名诗人林逋（967—1028）写下的这句诗，完美地描绘了此茶碗内壁的沉静情境。这一诗句是中国艺术和文学中关于梅花微香秀美诸多典故的代表。梅花在整个中国文化中引起广泛共鸣，因为它总是最先绽放，所以被视为春天的预兆。它也是学者仕绅的谦逊与坚毅的象征，有时也象征女性的美貌。

吉州窑以江西中部一城市得名，该地散布一些小窑，此盏当即产于其中之一。此盏以浅黄胎轮制，覆以黑褐釉层。花朵的萌芽、新月和起伏的云朵以黄褐色彩绘制在颜色较深的釉上。尽管规模小于中国南方的其他窑址，但活

图 16.1 吉州窑剪纸贴花茶盏，南宋，12—13 世纪，直径 5 英寸（12.7 厘米）。H. O. 哈弗梅耶旧藏，1929 年，H. O. 哈弗梅耶夫人遗赠（29.100.223）。

图 16.2 吉州窑木叶纹茶盏，南宋，12—13 世纪，口径 5⅝ 英寸（14.3 厘米）。H. O. 哈弗梅耶旧藏，1929 年，H. O. 哈弗梅耶夫人遗赠（29.100.220）。

跃于 9—14 世纪的吉州窑，在中国历史上仍能跻身于最富想象力和最具开拓性的窑口。比如内壁饰有十五朵六瓣花的吉州窑茶碗（图 16.1）使用了剪纸，每一朵花都被小心翼翼地放置在斑驳的釉下。纸在窑火中解体，留下花的印迹。尽管这些剪纸图案常被解读为梅花，但六瓣花表明它们可能是蓄卜花——另一种常见于中国文学中的花，有时也和禅宗的传统联系起来。

类似的技术也用于烧制木叶盏（图 16.2），图示此盏黑釉光亮，撇口广腹，也出产于吉州窑。在这件作品中，极有可能是一片真实的树叶浸透了透明釉，然后在烧制前放置在黑釉的表面。叶子在窑火中脱水，但形状和叶脉的纹样保留下来，创造出动人的图案。此图案就像此处另外两件茶碗一样，在啜饮茶汤时会逐渐显现。

17
龙泉窑青瓷鱼龙耳瓶

南宋，12—13世纪

高 6¾ 英寸（17.1 厘米）

1950年，玛丽·斯迪尔曼·哈克尼斯（Mary Stillman Harkness）遗赠（50.145.301）

此瓶双耳取龙鱼之形，寓意祥瑞，综合了中国龙和印度摩竭（makara，状似鳄鱼）的形象。瞪眼、有鳃、鱼尾，张开的大嘴紧贴瓶侧。凸起的圆点表明它的身体长着鳞片，是瓶体表面仅有的装饰，如南宋典型的瓷器那样，追求器形和釉色的完美结合。这一迷人的器物表面施以多层釉，瓷胎用天然瓷石制成，烧成灰白色。这一制法常见于该时期的微妙开片，增强了这种釉润泽的玉质感。

　　此瓶柔和的灰青釉和器形，进一步说明了国际交流中关于陶瓷器产销的复杂网络。平底、长粗颈、宽扁口沿可追溯至 9—10 世纪伊斯兰艺术中心生产的玻璃器。至少有一件这样的制品（图 17.1）出土于中国，它出土于辽代（907—1125）的契丹公主墓，且当时很可能有若干这样的器物从伊斯兰世界进口而来。10 世纪中国北部出现了一些此器形的黏土制品变体，与这一玻璃原型非常接近，而其他一些相对较晚、产于南方的类似器物，因较粗的颈和把手的装饰而改变了原有的比例。

　　这件中国器物是一件龙泉瓷器，龙泉瓷器是中国历史上生产规模最大、流布最广的青瓷。已有 500 多个生产此类青釉器物的窑址被发现，它们于 3 世纪晚期至 20 世纪早期持续生产——尽管不是所有的窑址都贯穿了全部的时段。不同深浅明暗的青色，代表了不同龙泉窑址在不同时段的特征。在中文中，这件瓶的颜色被称为粉青，日语中的"砧"或"砧青磁"也被用来描述这一特定的颜色。有时这类瓶被用在日本茶道中，"砧青磁"这个词意谓纸槌瓶的颜色。作为一种赞许，它被茶道师创造出来，不仅赞许瓶的形态，也赞许其呼应茶水的釉色。

图 17.1　玻璃长颈瓶，伊朗，内沙布尔（Nishapur）地区，9 世纪，高 9¹⁄₁₆ 英寸（23 厘米）。1940 年，罗杰斯基金购藏（40.170.61）。

18
景德镇窑青白瓷划花缠枝莲纹玉壶春瓶

元代，13世纪晚期—14世纪早期
高11英寸（27.9厘米）
1925年，弗莱彻基金购藏（25.215.6）

图18.1 宫廷珍宝场景细节，山西广胜寺壁画，13—14世纪。

此瓶高足、梨形腹、长颈、敞口，其形多见于13—14世纪时的陶瓷，亦有银制。此器形可能部分受到西亚玻璃器或金属器的影响。此类瓶很有可能为贩售盛酒之用，也是正式宴席所用器物组合之一（图18.1）。

瓷质胎体和薄薄的青白釉表明这件器物是一件青白瓷，10—14世纪出产于中国南方。其表面被横分数段，每一段各有一种纹饰：口下为蕉叶纹，颈部为程式化的花卉纹，腹部两道弦纹间饰缠枝莲，下腹近底处则饰以莲瓣

纹。莲花随佛教引入中国,象征纯洁,很快便成了中国艺术中的常见纹饰,这一点本书中众多带莲花纹的器物可以证明;但是,莲花并不总有宗教涵义。这件瓶上的方形莲花瓣值得关注,它反映了13—14世纪印度东部和西藏佛教图像新类型的引入。

馆藏另一件景德镇窑青花瓷瓶(图18.2)与这件青白瓷瓶的器形一致,也证明在13世纪晚期至14世纪,这一器形为景德镇青白瓷和青花瓷生产所共用。青花瓷瓶绘制的图案与青白瓷上的刻花纹非常相似,如颈部朝上的蕉叶纹、反覆莲瓣纹中的变形花样。除此之外,腹部卷草弦纹间则饰以莲池纹,近底部亦饰莲瓣纹。

转换为青花瓷的过程发生于14世纪蒙元王朝时,它证明了中国陶工的适应性。对青花瓷的需求是受到蒙古族的品味和某些市场兴起的刺激而产生的。这些市场——主要在伊斯兰地区——在家族、外交和经济上与元代中国相关。14世纪晚期,青花瓷在国内和国际贸易中都成了最流行的瓷器种类。结果,很多生产青白瓷和其他青釉瓷器的窑场或很快或稍晚停止了经营,早期中国陶瓷生产的景象——数百间窑场生产不同风格的器物,发生了剧变。景德镇窑系原本是生产青白瓷的,14世纪中叶开始集中于青花瓷的生产。这一窑区成了中国最重要的瓷器中心,且是当时世界上唯一能生产瓷器的地方,直到日本17世纪早期也开始生产瓷器。景德镇主导全球陶瓷工业直到20世纪早期。

图18.2 景德镇窑青花莲池纹玉壶春瓶,元代,14世纪中期,高11¼英寸(28.6厘米)。1984年,伊莱妮和厄尔·摩尔斯(Irene and Earl Morse)捐赠(1984.297)。

19
景德镇窑青花缠枝牡丹纹梅瓶

元代，14世纪中期

高 17½ 英寸（44.5 厘米）

1926年，罗杰斯基金购藏（26.271.1a，b）

细部。

这件引人注目的瓶子是用瓷土制成的（porcelain），瓷土是一种 7 世纪前后率先在北方使用的黏土。以钴蓝绘制，钴蓝是一种最早从 8 世纪开始使用的矿物。它出产于中国南方的景德镇窑。这一区域生产的瓷器相较于之前的北方瓷器而言硅高铝低；与较早的中国自产的矿石不同，14 世纪用于绘制瓷器的钴是进口的，可能来自伊朗西北部或阿拉伯半岛。利用钴蓝来绘制瓷器大概是陶瓷史上最重要的发展，最终改变了全世界的生产。14 世纪，元青花（钴蓝绘制瓷器的另一种说法）被卖到西亚；到了 17 世纪，它们到达了日本、东南亚、欧洲和墨西哥。

这件装饰丰富的梅瓶，其器形在 12 世纪前后流行于中国北方。这件器物也同时代表了彩绘瓷的传统和表面分区装饰的做法——表面分区的做法也见于当时北方其他器物。其颈、肩、腹部以弦纹区隔，弦纹间饰以浅色的卷草与几何纹样。表面的结构反映了伊斯兰世界艺术作品的影响。元代，也就是这件瓶的制作时代——中国加强了和较远的西方世界的纹饰共享。当时，中国在蒙古族的统治之下，并与伊尔汗国（1256—1353）等建立在波斯的政权统治者有着多层次的联系和互动。

这件作品难得保留下来的盖子装饰以蕉叶纹，这种纹饰可追溯至古代青铜礼器。器肩卜的云肩开光图案，大体演化自宫廷或礼仪活动中穿戴的领饰（图 19.1）。传统的中国凤凰和花卉填满了叶形框，繁盛的缠枝牡丹绘制于瓶身中央部分，证明了中国品位的活泼和律动。在缠绕多变的叶子纹和不同角度的花朵中可以明显看到对三维形象的兴趣，这一趣味是 14 世纪中期风格的特征。围绕瓶体的方形莲瓣纹根源于佛教。

图 19.1　丝绣领饰，清代，19 世纪，高 14½ 英寸（36.8 厘米）。1929 年，威廉姆·克里斯蒂安·保罗（William Christian Paul）遗赠（30.75.1046）。

这件中国瓷瓶的纹饰经再创造后被画到了 15 世纪的越南瓷瓶（图 19.2）上，包括结构组成，及肩上的缠枝牡丹和瓶体的莲叶。利用几何纹边界划分器表区域的做法，源于较早的中国作品。越南瓷瓶的器形也是如此，但其胎为炻器，上覆以白色化妆土以模仿瓷器。16 世纪的土耳其瓷盘（图 19.3）也上覆化妆土，盘中央绘制了受中国影响的生动的牡丹缠枝纹。盘口沿的漩涡波浪纹也可追溯至 14 世纪的中国作品。同越南一样，用于制造瓷器的材料没有在土耳其（或伊朗）使用，所以利用石英和其他物质生产的复合胎体被发明出来，以模仿非凡而极具影响力的中国瓷器。

图 19.2　青花缠枝牡丹鸟纹瓶，越南，15 世纪，高 15¼ 英寸（38.7 厘米）。1991 年，贝蒂和约翰·R. 门克（Betty and John Menke）捐赠（1991.456.13）。

图 19.3　伊兹尼克窑青花缠枝牡丹纹盘，土耳其，奥斯曼时期（1307—1922），1525—1535，口径 15⅜ 英寸（39.1 厘米）。华盛顿特区史密松研究院的弗利尔美术馆和阿瑟·M. 赛克勒美术馆购藏，F1977.20。

20

景德镇窑青花抱月瓶

明代，15 世纪早期

高 12½ 英寸（31.1 厘米）

1991 年，斯坦利·赫兹曼捐赠，以纪念阿黛尔·赫兹曼（1991.253.37）

此瓶的扁圆器形历史悠久且引人入胜。在公元前 1000 年地中海地区就有相关的变体，陶质或金属质的例子在几个世纪中都常见于西亚，它们一般用作旅行或朝圣时的水壶（图 20.1）。15 世纪早期，这一器形从西亚传入中国，这件瓷瓶就是这一时期制作的。器表的精心布局和画在中央的变形团花莲纹反映了西亚的美学特征，如图 20.1 伊朗陶瓶所例示的那样。但其双系取如意灵芝形，则是典型的中国装饰，常见于 15 世纪的中国瓷器。

图 20.1 划花陶朝圣水瓶，伊朗，塞琉古时期（前 323—前 64），公元前 4—前 3 世纪，高 6¾ 英寸（17.2 厘米）。1978 年，H. 邓斯科姆·柯尔特（H. Dunscombe Colt）捐资购藏（1978.93.10）。

图20.2 景德镇窑青花缠枝花纹花浇，明代，宣德时期（1426—1435），本朝款，高5½英寸（14厘米）。2004年，罗杰斯基金，丹尼斯和安德鲁·索尔（Denise and Andrew Saul）捐资，以及文森特·阿斯特（Vincent Astor）基金会捐资购藏（2004.163）。

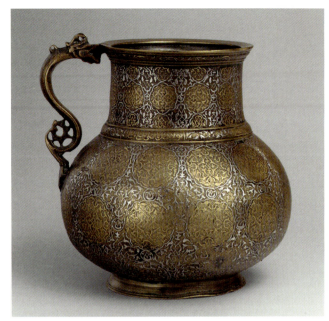

图20.3 黄铜错金银带铭龙柄壶，阿富汗，可能在今天的赫拉特，15世纪晚期至16世纪早期，高5⅝英寸（14.3厘米）。爱德华·C.摩尔（Edward C. Moore）旧藏，1891年，爱德华·C.摩尔遗赠（91.1.607）。

15世纪早期，抱月瓶和花浇（图20.2）这样的新器形引入景德镇，这样的引入可归因于与伊斯兰世界大规模的贸易、外交交流，以及当时中国对异国风味重新燃起的兴趣。与抱月瓶不同，花浇的装饰包括缠枝花卉和回纹边饰有其中国原型。另一件15世纪晚期或16世纪早期生产于阿富汗的同款黄铜器则饰有中国风格的龙形把手（图20.3），可见这种交流是相互的。

花浇一侧写有六字号款"大明宣德年制"，所书为年号而非皇帝的名讳。书款可确定这件器物为宣德（1426—1435）本朝所制。年号款的使用最早出现于永乐皇帝统治期间（1403—1424），当时少量见于瓷器和漆器上，之后继续出现在中国各种材质的器物上，直到20世纪早期。

从17世纪开始，较早时代的年款有时会出现在较晚的器物上，暗示尊崇，并由此抬高身价。因而，（英语中）习用"款识及其时代"（mark and period）来表示其为当期所指，落本朝年号款。

细部。

21
景德镇窑暗花白瓷僧帽壶

明代，可能出自永乐时期（1403—1424）

高 7¾ 英寸（19.7 厘米）

1991年，斯坦利·赫兹曼捐赠，以纪念阿黛尔·赫兹曼（1991.253.36）

图21.1 铜莲花生大师像，西藏西部或拉达克，14世纪，高 23¾ 英寸（60.3厘米）。2012年，里拉·艾奇逊·华莱士（Lila Acheson Wallace），文森特·阿斯特基金会，艾略特·C.诺伦（Elliot C. Nolen），T.罗维·普莱斯服务有限公司（T. Rowe Price Services, Inc.）和何鸿卿爵士（Sir Joseph Hotung）捐资；西摩和米里亚姆与艾拉·D.瓦拉赫基金会基金购藏（2012.459）。

图21.2 青白瓷僧帽壶，元代，14世纪，出土自北京市崇文区斡脱赤墓，高 9¾ 英寸（24.8厘米）。北京首都博物馆藏。

　　像这样球腹且顶部是醒目的多阶形态的器物被称为僧帽壶，因为其口沿像一个藏传佛教僧人戴的帽子，特别是和萨迦派或噶举派有关的僧人（图21.1）。

　　这种壶是用来倾倒液体的——包括水，在仪式中用水来进行清洗、净化。最早出现于元代，当时朝廷尊奉藏传佛教的一派。最早现存的例子之一（图21.2）出土于中国北方一座克什米尔人的墓中。其器形较直，口沿相对于壶装饰较少，其水平和垂直凸棱以及圆形图案模仿了金属棱饰。后来的中国瓷器和金属器很可能是由这种较早的原型演化而来的。把手末端制成蘑菇状，常见于15世纪早

铭文细节。

图21.3 景德镇窑青花藏文吉语高足碗，明代，宣德时期，宣德本朝款，口径6⅝英寸（16.8厘米）。1984年，斯坦利·赫兹曼夫人捐赠（1984.483.1）。

期的中国瓷器。

尽管没有年款（参见图版19）提供确切的年代，但白瓷带暗花——精微地刻在表面，施釉后几乎看不见——这一选择表明这件器物制于永乐皇帝统治的时期。景德镇的发掘表明素瓷在这一时期更受偏爱，暗花装饰在当时已经开始使用，甜白釉的选择也是如此。

永乐帝是虔诚的佛教徒，他和西藏寺院中心保持着联系，并邀请重要的高僧到宫廷来。除了通体精细刻画的缠枝莲花纹，一行藏文铭文环绕器体。它以兰札体写就，这段祷文的内容是：

> 白昼吉祥
> 夜吉祥
> 日照中天亦吉祥
> 愿得三宝赐吉祥

三宝是指佛、僧、法。相同的铭文也用藏文书于一件高足碗（图21.3）的器体上。这件高足杯是后继的宣德时期的产品，碗内也用了暗花技术刻划相同铭文。莲瓣纹绘于碗的下腹，几何涡纹饰带凸显了足部。

敞口高足碗最早在中国陶瓷中出现是在15世纪早期，或许和僧帽壶一样，它们被设计用于仪典，可能是用来盛装花朵或饮品，放在祭坛上，供奉神灵，就像一幅表现佛教神祇观音菩萨某个化身的图像中所展现的那样（图21.4）。

图21.4 四臂观音及显化像（供案局部），西藏，15世纪，布面施金、水墨设色，40⅜×31¼英寸（102.6×79.4厘米）。1985年，玛杰里（Margery）和哈利·卡恩（Harry Kahn）捐赠（1985.390.3）。

22

景德镇窑青花波涛翼兽纹罐

明代，15 世纪中期
高 14 英寸（35.6 厘米）
2010 年，文森特·阿斯特基金会捐资购藏（2010.220）

这件广口、大足的大罐器形可以追溯至新石器时代。此后千年间，不断用黏土重新塑造。这类器物被用来盛装酒水或谷物，以及供奉给私人或寺庙的礼品。

来自窑址的灰尘仍然附着于这件厚重器物的粗糙足部。这件粗犷的作品很可能是景德镇的商业窑场或私人窑场烧造的，而非为宫廷烧制。器形和装饰都是 15 世纪中期的，这一时期宫廷赞助力缩减，景德镇的庞大窑区中的一些窑场开始搜寻新的客户。

装饰以深蓝色的进口钴料绘制，分为上下四层。颈部用菱形纹样装饰；肩部为四瓣花地菱花形开光中饰折枝牡丹；蕉叶纹装饰足部。在器体腹部，一群讨人喜欢的动物，既有真实的也有神兽，腾跃于惊涛之上。动物

以留白手法表现。这些动物包括马、兔子、翼鱼、背负螺壳的异兽、麒麟、鹿形兽（可能是天禄）、翼象和有蹄带角异兽。

神兽和混合而成的动物通常可追溯至《山海经》，这本书于公元前4世纪首次编纂成书，但只保存了西汉之后的版本。15世纪早期，在中国人们对这一早期经典的兴趣逐渐复苏，当时永乐皇帝支持编纂浩大的文集和类书。但是陶瓷器上这一动物遨游于波涛之上的装饰的短暂出现，更有可能源于15世纪上半叶中国作为海上强国的突出地位。1405—1433年间，著名的海军将领、外交家、回族宦官郑和（1371—1433）指挥了七次前往东南亚、南亚、中东和非洲的海上探险旅程。他的旅行为中国提供了关于世界其他区域的不为人知的珍贵信息，可能也刺激了人们表现海中神兽的兴趣。

23
景德镇窑青花庭园婴戏纹碗

明代，嘉靖时期（1522—1566），嘉靖本朝款
口径 12¼ 英寸（31.1 厘米）
2001 年，丹尼斯和安德鲁·索尔捐赠（2001.738）

　　这件迷人的碗的外壁绘有十个惹人喜爱的小男孩在带栏杆的平台上嬉闹。他们的头略大，头发梳成散乱的一簇簇发髻，穿着垂到裤子上的束腰外衣。他们被花园中的顽石分为两组，其中五个人以某种方式列队行进，他们在模仿当时也是中国历史大部分时间中大城市常见的仕绅队伍。最重要的男孩骑着竹马——一种用布做马头，由竹竿和金属轮子组成的玩具，这种玩具很可能是在中国发明的。一个侍从手持荷叶华盖遮着他的头。另一边的三个人

在表演,其中一人手持提线木偶,一人拿着钹,还有一人似乎是玩着某种拖拉玩具。

花园中的孩童扮演朝廷官员的场景,也被绘制在万历时期的盖盒上(图23.1)。这一主题可被解读为暗喻学者仕绅拥有的权威和特权,引申开来,表达了对孩子在科举考试中金榜题名、获取显赫地位的期许。盒上骑竹马的男孩头戴官帽,两人随待,其中一人——这也是一种等级象征物。在盒盖的另一个场景中,坐在中央的人物有随从

081

帮他拿书，一个孩子在放风筝，三个孩子在围着桌子玩，还有三个在分拣药草。后一种活动常常和中国的端午节（农历五月初五）相关。端午节也叫龙舟节，为纪念诗人屈原（前340—前278）去世而举行各种活动，屈原在这一天因对政治处境绝望而投河自尽。盒子的侧面划分为上下四层，上层有五爪龙，中间两层有云和其他祥瑞，下层有更多的龙。

嘉靖时期的碗使用的瓷土更细，且其构图与画工相比于万历时期的盒更加精细。碗上男孩骑竹马的图像轮廓更加精准，其五官和衣着被绘制得更加细致。此外，足部被安置得更加稳定，而盒上的人物显得飘忽。碗和盒在底部都有统治年款，年代分别是嘉靖和万历，表明这两件器物都是为宫廷制作的。不过，到了16世纪，民窑和半独立的窑场在御窑无法完成需求的情况下，有时也为宫廷生产器物，因此它们对这些年款的使用和语汇相当熟悉。两者之间的品质差别表明，这件碗很可能是为宫廷生产的，而这件盒很可能是为精英阶层生产的，不一定用于皇家消费。

图23.1 景德镇窑青花庭园婴戏纹盒,明代,万历时期,万历本朝款,口径8½英寸(21.6厘米)。1927年,弗莱彻基金购藏(27,119,26a,b)。

24
景德镇窑青花五彩莲池鲤鱼纹罐

明代，嘉靖时期（1522—1566），嘉靖本朝款
高 9 1/8 英寸（23.2 厘米）
1917 年，罗杰斯基金购藏（17.127.2）

四条大金鲤在写意勾勒的满是水草的莲池中腾跃，空白处间饰四瓣花样。每对鱼之间的红蓝几何图案被认为是某些程式化的水草。这一主题有很多变体，最早出现在瓷器上是在一个革新时代——16世纪嘉靖皇帝统治期间，之后的几个世纪里在中国陶瓷上一再重现。

绘制鱼及其环境、罐颈莲瓣、罐足部灵芝头所用的明艳的金色、红色、绿色、黄色以及蓝色颜料，可以追溯至15世纪。这里的彩绘是釉上彩料和釉下钴蓝轮廓的结合。这一技术也是15世纪早期开始采用的，被称为五彩或斗彩。但斗彩在18世纪之前并未见诸中国文献，且一般适用于釉下青花描绘轮廓、釉上彩绘填色的器物。

此罐迷人的图像有一系列吉祥的寓意，这让它成为吉祥日子——特别是新年——盛装礼品的理想容器，这种礼品可能是酒。汉字"鱼"与另一个字"余"同音，后者有丰富、盈余之意，而莲与鱼的组合意味着财富和荣誉。中国传统文化认为，能够越过黄河湍流的鲤鱼将化身为龙。跳跃鲤鱼的形象也隐喻通过激烈的科举考试，登上梦寐以求的高位，成为官员，报效朝廷。

25
景德镇窑青花道教神仙图盒

明代，嘉靖时期，嘉靖本朝款
口径 15½ 英寸（39.4 厘米）
1925 年，罗杰斯基金购藏（25.64.12a，b）

翩翩起舞的女性是何仙姑,她和家庭妇女有关。她后面穿着官服的大胡子男性可能是李铁拐。不过,这位仙人以如此形象出现的情况并不多,他是病患的恩人,一般以大胡子示人,带着铁拐和葫芦。盖上这个人物可能是添加的,非来自正式的八仙传统。盖上的图像包括一处可能是通往仙境的洞府,以及象征长寿的松树、仙鹤、鹿等。侧面的仙鹤和云朵重申了长寿的祝愿,而这件盒可能曾用作一件礼物。

这是景德镇御窑嘉靖时期特有的少量却有趣的环形盒中的一件,其六字年款从右至左写在侧面顶端。明艳的青花在这一时期的瓷器中十分典型,反映出与出产钴矿的撒马尔罕和西亚其他中心重新建立的联系,使得高质量的钴能够流入国内。

这种环形盒到底是用来装什么的,这一点目前仍不清楚。尽管有人认为是项链盒,但它们能够盛装的宫廷项链类型在明代并未被使用。它们通常可能是用来盛装16世纪宫廷妇女的头饰或垂饰的。和这个盒子形态相似的饰物为道教医师所佩戴,用来避开邪灵,且可以携带草药、矿石或其他在仪式中需要的珍品。

绕环盒盖一周列队行进……记道教活动扩张时出现……术中是常见的主题。……清皇帝热衷于强调宇宙……了延年益寿的活动。……出来,他们各有益世神……系。

老寿……的是汉钟离,他是军……宾,他和剃头匠有关,……们和韩湘子与一位穿……崇,手持笛子;穿着官……他常手持笏板和戏曲艺人有关。后……个人物,两侧分别以一株大盆栽和一丛竹子为界,分别是手持桃子和渔鼓的张果老和手持花朵、阴阳难辨的蓝采和。张果老是艺术家、书法家的保护神,蓝采和是园艺师、花匠的保护人。

① 原文为feather,汉钟离所持应为芭蕉扇。——译者注

26
景德镇窑青花周敦颐赏莲图瓶

明代，万历时期，署年万历丁亥（1587）

高 23¾ 英寸（60.3 厘米）

1920 年，罗杰斯基金购藏（20.41.2）

这件精心绘制的花瓶表面被水平地分为若干部分。几何纹饰带装饰唇部。颈部以深蓝为背景，描绘出白色仙鹤翱翔于程式化的云朵中。两圈带状图案，一圈为阴影纹，另一圈为花卉纹，标注了由颈到肩的转折。肩上有灵芝图案，一般被称为"如意"，字面上有"如你所愿"之意，是祝福的象征。就像颈上的白鹤一样，足部一周简略景观中的鹿表达了长寿的希冀。

最大部分的场景颂扬了中国文人的生活方式与物质文化。坐在席子上望向莲池的人物可能是周敦颐（1017—1073），他是一位著名的哲学家和官员。由于其名篇《爱莲说》，他常常被以这种方式表现出来。文中他写道：

予独爱莲之出淤泥而不染，濯清涟而不妖……香远益清。

四个年轻的随从在画面的左上方备茶，周敦颐和坐在其右侧的同伴则在啜饮。一块巨石把另外两位先生和第一幅画面隔开。这两位先生从衣着来看应是学者，他们坐在屏风前铺好桌围的桌子旁，也在啜饮。他们看起来将要弹奏音乐；一件古琴摆在他们面前的桌子上，一男一女两个随侍则手握乐器。一些罐子、一个装满酒的葫芦和野餐餐篮可见于前景。一个拿扇子的少年将这一场景连接到四位学者围坐在一张矮桌前的画面，四个人也在啜饮，并享受着幽静环境中的彼此陪伴。

底款。

这件花瓶体量很大，原本可能是成对使用的。其体量表明它应是用于正式或公共展陈，而非私人用途，用钴蓝写于底部的铭文证明了这一点。铭文两侧的两列，每列三个字，连起来是"万历丁亥年造"，对应的是万历十五年，即 1587 年；中央的四个字是"黔府应用"，当指西南的藩王府邸。

这件花瓶也有可能从未到过这所藩王府邸。它带有烧制过程中的窑裂，可见于四学士上方。出于这个原因，它很可能被拒绝接收。在 1920 年进入大都会博物馆之前，它可能被卖给了某个要求没宫廷那么高的私人。

27
景德镇窑青花狮子纹大盘

明代，嘉靖时期

口径 20¾ 英寸（52.7 厘米）

海伦娜·沃尔沃斯·麦肯（Helena Woolworth McCann）旧藏，1967 年，温菲尔德（Winfield）基金会捐资购藏（67.4）

葡萄牙盾形纹章细节。

图 27.1 带有葡萄牙皇家盾形纹章和浑天仪的铜版画。《曼努埃尔法典》(*Ordenações Manuelinas*)，卷首插画，1514 年版。

    此盘口沿下方的四种圆形图案确定其是葡萄牙宫廷订制。其中一个圆框中有葡萄牙盾形纹章，盾牌上有饰以珠宝的王冠和五个倒置的中心符号。另一个圆框中则绘有浑天仪，它是一种地球仪的早期类型，常见于宫廷图像（图27.1）。另两个圆框内有首字母缩写"I. H. S"，指拉丁文中的救世主耶稣（Iesus Hominum Salvator）。1534 年前后，这些广泛使用的首字母开始和强大的由罗马天主教神父组成的耶稣会相关联，耶稣会在当时的葡萄牙和其他天主教中心十分活跃。16 世纪晚期和 17 世纪第一批中国宫廷的来访者中就有耶稣会会士，这些会士把西方科学和数学带到了东方世界。

    剩下的圆框中描绘了传统的树石。中国图像见于圆框两侧的阴影图案和中央四只狮子在卷云纹的背景中追逐绑着飘带的球。这些动物有时在西方文献中被称为佛犬（fo dogs），因为它们常陈列在寺庙中，而 fo 是中文"佛"的发音。它是随佛教一同传入中国的皇家印度狮和中国早在公元前 6 世纪文献中便有讨论的猛犬的组合品。

    五只同样的动物——三只在口沿处，两只在中央——和折枝花卉一起被描绘在同时期国内销售的一件较小的盘子上（图 27.2）。较大的外销盘上的野兽头部过大，身体

外壁细节。

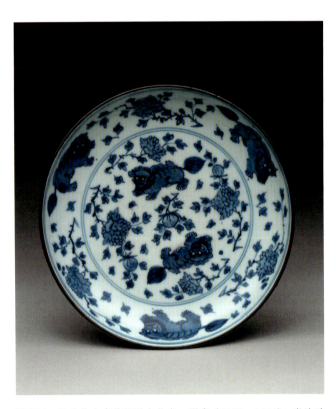

图27.2 景德镇窑青花狮子犬纹盘，明代（1368—1644），嘉靖时期（1522—1566），口径6½英寸（16.5厘米）。1924年，弗莱彻基金购藏（24.170.3）。

瘦弱，绘制得不像国内盘那般精细。外销盘背面精心绘制出富态的牡丹花和叶子，是16世纪早期中国为葡萄牙市场生产的特有器物。它们比通常的中国器物中更加密集，这可能是受到了同时期欧洲装饰的影响。在欧洲装饰中，这种对花的描绘十分普遍。

这种葡萄牙宫廷中使用的大盘，有时候会作为外交礼品送给西班牙或奥地利。它们属于一小批被称为"首批订单"的器物，委托中国生产，尤其是要为葡萄牙生产。尽管16世纪晚期至17世纪，陶瓷也可以在日本市场上预定制作，但委托制作的瓷器中可辨认出特别图像的仍然极少。当时大多数进入欧洲市场的中国陶瓷是大批生产的。

葡萄牙人是最早到达中国和日本的欧洲人，他们大致是在瓦斯科·达·伽马（约1460—1524）1497年绕过非洲的历史性旅程十年后到达的。然而，到了1639年，荷兰人和一些北欧人取代了葡萄牙人，他们建立的据点遍及亚洲，以此迎合欧洲日益增长的对中国和日本瓷器的需求。

28
景德镇窑青花鹿马纹富士山形盘

明代，天启时期（1621—1627），约 1625

长 11¼ 英寸（28.6 厘米）

2010 年，芭芭拉（Barbara）和威廉姆·卡拉兹（William Karatz）捐资，卢芹斋及其公司捐赠置换基金，以及罗杰斯基金置换基金购藏（2010.206）

图 28.1　葛饰北斋（1760—1849），《山下白雨》，《富岳三十六景》系列之一，日本，江户时代，约 1830—1832 年。套色木版画，设色纸本，10⅛×15⅛ 英寸（25.7×38.4 厘米）。1914 年，罗杰斯基金购藏（JP11）。

此盘的圆弧尖顶和圆齿状的底缘肖形日本最著名的自然名胜富士山（图 28.1）。在器物内，具有日本景观特色的绵延起伏的丘陵背景中，有两马三鹿在嬉游。柳树和梅花的组合表明所展现的季节是春天。上部左侧三只飞鸟旁边有铭文"木石与居，鹿马与游"，这句话可被宽泛地理解为在树木与岩石间居住，与鹿和马漫游。与这句话相似的陈述是"与木石居，与鹿豕游"，"豕"为猪而非马，这是著名的公元前 4 世纪的中国学者和哲学家孟子说的。外侧器壁绘制有篮网纹，且瓷盘的三短足未上釉。

绘制此瓷器所用的钴表明，它生产于 1630 年前后，当时高质量进口钴的供应相对于后来还算充足。对富士山形的模仿说明这件盘是专门为日本市场制作的，当时进口的中国陶瓷常被用于茶道或茶道前的餐饮。若知道孟子语

的典故可增强仪式化饮茶的愉悦。饮茶这一活动是在 8 世纪伴随着某种佛教传统从中国传入日本的。

尽管不符合中国品位，器物坑洼斑驳的釉面和烧造过程中因缩釉出现的边缘磨损，在日本均受到赞赏。日语中称为"虫喰い"，即虫蛀的边缘，这种偶然的效果因显示瓷盘的制作和烧造过程而被珍视。理解盘、杯和其他器物在哪里或怎样烧造，对于茶道审美是不可或缺的。

16 世纪晚期至 17 世纪早期为日本市场进行的器物生产，以及专门为东南亚和受委托为葡萄牙进行的生产，是当时景德镇转型的一个重要方面。明清易代的战乱和自然灾害，导致宫廷对陶瓷生产控制的削弱，皇家和国内的需求也减少了，这鼓励了新器形和新图案的发展，因为这样才能吸引重要性日益提升的海外市场。

29
景德镇窑青花莲池鹅纹盘

明代，万历时期，16世纪晚期至17世纪早期
口径 14¼ 英寸（36.2 厘米）
1916年，罗杰斯基金购藏（16.93）

在瓷盘的中央圆形图案中，两只鹅站在河口的花丛下。八大八小扇形开光绕口部一周，以有圆齿的边界和内部图案分开。桃花与暗示未来成功的象征物——比如大框中用饰带和缨子绑在一起的花、叶，以及小框中的吉祥绳结——交替。绘在背面的线条再次重复了口沿的空间分布。

此盘绘工粗率，中心圆形图案四周围绕扇形开光的构图，均表明其是一件克拉克瓷。图案也是这类陶瓷的典型画面，它们在景德镇大量出产，主要为外销生产，尽管也有少量出土于墓葬的例子——有些还是皇室墓葬。克拉克瓷被认为是以葡萄牙的一种叫作caraccas的船来命名的，是一种生产于1575年到1640年间较粗的瓷器。此

图29.1 静物水果、玻璃器和万历碗的细节，威廉·卡尔夫（Willem Kalf，荷兰人，1619—1693），《静物水果、玻璃器和万历碗》（局部），1659年，布面油画，23×20英寸（58.4×50.8厘米）。1953年，玛丽亚·德威特·杰斯（Maria DeWitt Jesup）基金购藏（53.111）。

盘的外侧。

图29.2 肥前窑五彩莲池鹅纹盘，日本，江户时代，1660—1680，口径12¾英寸（32.4厘米）。罗杰·G. 格里博士及夫人（Dr. and Mrs. Roger G. Gerry）旧藏，2000年，罗杰·G. 格里博士及夫人遗赠（2002.447.56）。

图29.3 代尔夫特窑锡釉蓝彩莲塘水禽纹盘，荷兰，约1660年，口径9½英寸（24.1厘米）。1930年，罗杰斯基金购藏（30.86.3）。

类器物一般比国内消费的器物要薄且脆。克拉克瓷在全球陶瓷史中影响深远；它有时会出现在欧洲绘画中（图29.1），且偶尔用作建筑装饰。

这种最初出现在中国的构图也见于日本盘子（图29.2），这些盘子也是用于出口的。这件盘以蓝绿为主色调，用明艳的彩料勾勒出浮在池中和飞在天空的鹅。树石组成的背景和中国的作品相同，用于分割主要画面和围绕口沿的扇形框的圆齿条纹也和中国的一样。这一构图的另一个变体描绘了一只长尾鸟独坐在花丛中的一块石头上（图29.3），这一场景被绘制在1660年前后出产于荷兰的一件盘上。虽然其花口边饰比中国和日本的更为精致，但其盘沿开光图案的布局构图还是一样的。

和17世纪早期开始生产瓷器的日本人不同，荷兰人和其他欧洲人当时没有能力生产瓷器。荷兰的克拉克式盘子是用陶做的，在用钴蓝绘制并上釉前，要先施以锡釉创造出白瓷的外观。这种模仿瓷器的方法作为欧洲制陶的主要方式之一，一直持续到1709年德国麦森瓷厂率先生产出瓷器。

30
德化窑白瓷达摩像

明代，17世纪

高 11¾ 英寸（29.8 厘米）

1963年，温思罗普·W. 奥德里奇（Winthrop W. Aldrich）夫人、阿诺德·怀李吉（Arnold Whitridge）夫人、谢尔登·怀德豪斯（Sheldon Whitehouse）夫人捐赠（63.176）

这尊优美的塑像表现一宗教人物，一袭僧袍，端坐冥思，大耳垂肩。虬髯卷发更可证其即是菩提达摩——一位东亚佛教中的重要人物。菩提达摩是印度或中亚人，6世纪到达中国，被认为是禅宗的创始人。在中文中，他被称为"达摩"，在日语中被称为"達磨"（Daruma）。在艺术作品中他常常被表现为站在芦苇上渡过长江（图30.1），这是在其弘道史上一个很重要的时刻；或被表现为端坐冥想，应指其在一个洞中独自反思了九年。如在此处看到的，菩提达摩的双手往往隐藏在方巾之内。

这尊安详的人物雕像的底座上面有斜线纹，很可能是用来表现蒲团，是印度式修行的象征。使用火焰式的卷曲来描绘菩提达摩的眉毛、面部须发和稀疏的头发，是明代新加的元素，这些元素可追溯至西藏图像。在西藏图像中，这样的描绘常出现在杰出的能者和狰狞的护法脸上。

这件作品出产于福建德化窑，此窑从13世纪晚期开始活跃，16世纪之后繁荣起来，以令人惊讶的流畅衣纹和厚而光亮的釉著称，如这件达摩像所示。除了宗教塑像，德化窑还制造日常和文房器具。目前我们仍不清楚，这件菩提达摩像是用作祷告的佛像还是用于陈列。19世纪，德化塑像和器物被欧洲学者称为"中国白"。这些备受称赞的作品在17—18世纪出口欧洲，在欧洲瓷器的发展过程中起到了关键作用。器具和像菩提达摩、罗汉（半历史性人物，是历史中佛陀的门徒）这样的宗教雕像往往是模制的，18世纪早期被德国仿效。仿效是实验的一部分，而这些实验使得麦森在1709年前后发展出瓷器（图30.2）。

图30.1 李尧夫（活跃于1300年前后），《达摩一苇渡江图》（局部），元代，1317年以前。立轴，纸本水墨，33¾×13⁵⁄₁₆英寸（85.7×33.8厘米）。爱德华·艾略特（Edward Elliott）家族旧藏，1982年，狄龙基金购藏（1982.12）。

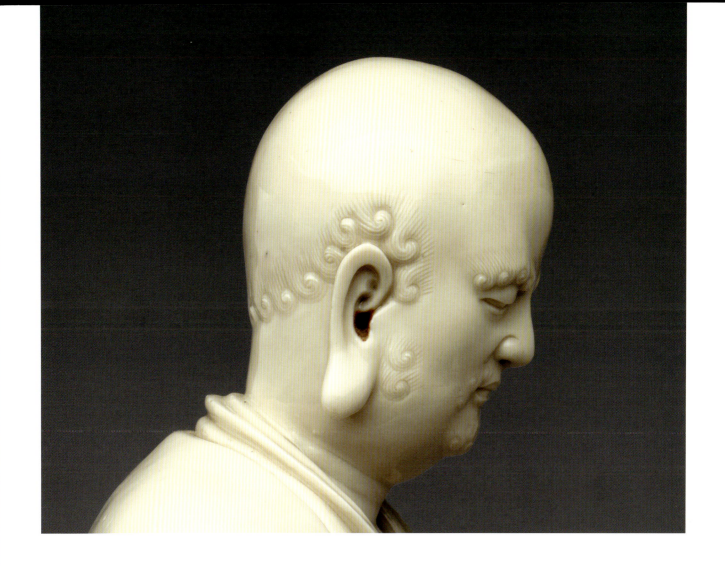

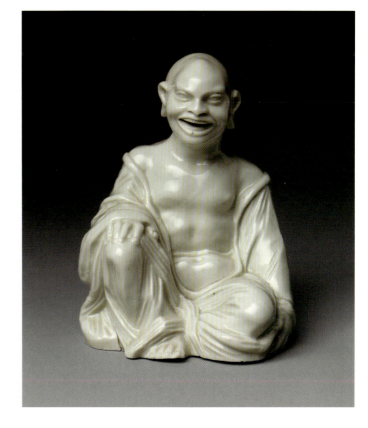

图30.2 瓷佛像,德国(麦森瓷厂),1710—1720,高 3⅞ 英寸(9.8厘米)。莱斯利(Lesley)和艾玛·谢弗(Emma Sheafer)旧藏,1973年,艾玛·A. 谢弗遗赠(1974.356.506)。

31
宜兴窑紫砂梅花壶

时大彬（活跃于 1620—1640），明代，17 世纪早期

高 3¾ 英寸（9.5 厘米）

1982 年，安·伊登·伍德沃德（Ann Eden Woodward）基金会捐资购藏（1982.362a，b）

这件茶壶是用致密有光泽的黏土制作的，这种黏土被称为紫砂，主要见于宜兴地区。来自这一地区的茶壶因其保存热气和香气以及保持茶鲜的能力而受到珍视。宜兴器物以善用自然世界的形态和形象而闻名，这件典型的器物便模仿了五瓣梅花，且其盖子重复了这一形态。

底部有贴塑，也做成五瓣花朵的形状，左侧有"大彬"二字，这是时大彬的签名，他是 17 世纪最著名的宜兴陶匠之一。右侧三字铭文为"玉照阁"，可能是指大彬

的作坊或委托制作这件茶壶者的书斋。和景德镇制造的瓷器不同，宜兴器物往往有署名，这让它成为世界上最早的工作室陶器（studio pottery）案例。个体陶艺师挖掘并提炼自己的黏土，创作单件作品或少量同一作品——这一西方概念的出现部分来自"美术与工艺运动"（1880—1910）的启发。该运动赞美这一做法，是对当时城市化和工业化的反弹。这一概念也源于人们日渐认可陶艺师是艺术家和设计师的观念。

茶壶——一种立刻就能辨别出来的器形，16 世纪前后出现于中国，在当时，泡茶替代了点茶。江苏宜兴窑的陶工"矮化"当时已有的酒壶，创造出更适合这类器物新用途的器形。此后不久，泡茶法和茶壶的使用被介绍到欧洲，到了 17 世纪下半叶，宜兴茶壶以及景德镇瓷茶壶，作为全球交流系统的一部分被广泛交易。这一系统还包括来自中南美洲的白银和糖。有时，白银也被用来做茶壶，糖被用来为茶调味。

早在 17 世纪，欧洲就有产品仿效宜兴器物竞争，且这类陶瓷在整个世界仍在制造。比方说，生产于著名的阿里吉·德·米尔德（Arij de Milde，荷兰陶工）工厂的一件器物（图 31.1），在器壁和壶盖处以高浮雕的形式装饰了花卉纹和蝴蝶纹。这两种纹饰都源自中国意象，且很可能是受到对天然物形兴趣的启发，而这兴趣是宜兴器物的特色。器底有一个款识——这个办法也要追溯至中国——包含了一只奔跑的狐狸和陶工的名字（图 31.2）。

图31.1 代尔夫特窑红陶茶壶，荷兰（阿里吉·德·米尔德工厂），1671—1708，高4英寸（10.2厘米）。1950年，R. 桑顿·威尔森（R. Thornton Wilson）捐赠，纪念弗洛伦斯·埃尔斯沃斯·威尔森（Florence Ellsworth Wilson）（50.211.37a，b）。

图31.2 图31.1的底款。

32
景德镇窑青花文王访贤图笔筒

明代，崇祯时期（1628—1644）

高 7⅞ 英寸（20 厘米）

1879 年，专项购藏（79.2.366）

图32.1　景德镇窑青花五彩方瓶（两面）：文王与姜太公、武丁与傅说的故事，清代，顺治时期（1644—1661），高14¼英寸（36.2厘米）。1879年，专项购藏（79.2.8）。

这件迷人的、如青花瓷一类的器物，用于放笔和其他书画工具，也可用来放置如意和其他珍宝，由此来证明物主的鉴赏力与学识。这件器物在口沿下方和底部上方釉下暗刻纤美的刻划卷草纹，器身绘制了生动的故事。画面表现的是西周（前1046—前771）的建立者文王在寻求隐居者、韬略家姜太公的帮助，以推翻前朝末代君主的腐朽统治。

姜太公当时赋闲在家，画面中，当朝廷的仪仗接近他时，他正在柳下垂钓。朝廷仪仗包括了一位文官、文王及其侍从，还有三名护卫。笔筒上的画面融合了若干木刻版画对此情境的描绘。这些版画常见于书籍中，在明代后期的中国大量生产和传播。它们使重要的历史事件和人物、经典文学及当时的戏剧小说可以被迅速概览，是那些文人和富商的便捷指南——他们可以在聚会时引用或辨认这些内容。在不同的材质中辨认这些主题的能力，是一个人受过良好教育的重要标志之一。在当时的中国，印刷手册

瓶的另外两面。

扩大了识字人口。

　　姜太公的故事也被画在一件方瓶上（图32.1），这件方瓶的年代略晚于前面的笔筒。在中国陶瓷中，这种瓶最早出现于17世纪，其形式设计可能模仿了中国立轴画的垂直格式，并适应瓷器装饰中叙事意象日益增多的需求。朝廷仪仗可通过三层式伞盖辨认，笔筒上的队伍中，君主与其随从并立。

　　另一个关于统治者访贤的故事也受到版画图像的启发，是此瓶另外两面的主要内容。对这个故事的辨认，是基于图中人物手持的傅说画像。傅说是商王武丁（相传于公元前1324至前1265年在位）的宰相。在这个故事中，君主梦到一位有才干的宰相，然后制作了一幅肖像，并帮助朝中大臣寻找这位宰相。通过与肖像比对，傅说被认了出来。在相邻的画面中，傅说站在了君主的面前。他出身卑微，以筑墙和修葺为生。君主的梦可能是精心策划的，以遏止别人批评他把如此卑微之人选入朝廷。

33
景德镇窑酱釉口青花团花纹水烟壶座

清代，18世纪早期
高 10½ 英寸（26.7 厘米）
1879 年，专项购藏（79.2.359a-c）

水烟壶通常以波斯语称为"胡卡"（huqqa）。这件水烟壶座代表了 16 世纪晚期至 17 世纪欧亚瓷器贸易的广度和器形与纹饰的共享。这件器物由三部分组成：支撑胡卡的环形圈、圆形基座和一件能够塞进基座颈部并连接水烟筒烟管的附加部件。大约 16 世纪中期，胡卡出现在伊朗，用于吸食大麻或鸦片，并很快传到埃及、土耳其和印度（图 33.1）。16 世纪晚期，这类水烟筒也被用来抽淡巴菰（即烟草）。烟草从新大陆被介绍到欧洲和亚洲之后，

图 33.1 坐在宫殿屋顶抽烟的王侯（拉迦玛拉细密画中的一页）局部，印度，海德拉巴，1799—1800。纸本水粉画，14 5/16 × 10 1/16 英寸（36.4 × 25.6 厘米）。2007 年，路易斯·E.（Louis E.）和特丽萨·S. 塞利（Theresa S. Seley）伊斯兰艺术购置基金与其他捐赠基金购藏（2007.33）。

图 33.2 错黄铜锌合金鸢尾花纹水烟壶座，印度，德干，比德尔（Bidra），17 世纪晚期，高 6 7/8 英寸（17.5 厘米）。1984 年，路易斯·E. 和特丽萨·S. 塞利伊斯兰艺术购置基金与罗杰斯基金购藏（1984.221）。

抽烟成为一项遍及世界的消遣。此前它在新大陆被长期作为药用。

瓷器的品质和近似 17 世纪晚期印度金属、玻璃水烟筒（图 33.2）的球腹表明，这件器物可能是作为一件外交礼物，进献给当时南亚的某王国的君主或大人物。瓷器颈部的凸棱是受到金属器原型的启发。凸棱边沿和底部环形圈边沿为不同寻常的褐色，可能是在模仿黄铜的颜色。这是专为供应印度市场而制作的瓷器的特征。印度市场和波斯、土耳其市场一样，非常珍视并积极收集中国瓷器。

胡卡上的图案使其三个部分更为协调。环形圈内侧的四瓣花与水烟筒顶部同样的图案相呼应，而其外侧的缠枝花则与基座四个圆形开光中的图案是重复的。交叉斜线纹既见于顶部，也见于颈部，而顶部和颈部又由自然的蕉叶纹和花卉边饰进一步美化。

基座颈部最上层的花卉被认为是郁金香，最早于 17 世纪中期出现在中国瓷器上。这是 17—18 世纪的花卉进入国际贸易产生的部分结果。不过，花卉两边各有一片展开的花瓣簇拥中间部分的形态，和印度黄铜胡卡上方颠倒的花朵很像，后者被认作鸢尾花。这种程式化的图案也见于土耳其艺术，表明这种花卉或可被理解为一种广泛传播、普遍出现的图案，而非专指某种花。

34
景德镇窑五彩描金四季花卉瓶

清代,康熙时期,18 世纪早期
高 19¼ 英寸(48.9 厘米)
1913 年,本杰明·阿特曼遗赠(14.40.91)

关于四季和对各季中时光流逝、自然变化的意识与篇章,在中国艺术中非常丰富。此瓶的每一面都绘有一幅花鸟图景,各代表一个季节。明艳的莲池中,两道红篱之间盛开着鲜艳的红花,这象征着夏天。两只鸟儿栖息在枝头,下有菊花盛开的情境代表了秋天。有山茶花和三只长尾鸟(其中一只是雉鸡)的一面象征着冬天。而精致的梅花、兰花和花枝中驻足的两只丰满喜鹊,表明了春天的来临。当然,相比于白色背景的其他三面,夏天的场景被描绘得最为繁茂夺目。

釉上五彩技术在中国最早出现于 15 世纪也是 17 世纪晚期陶瓷生产复兴的诸多方面之一,当时满清重建宫廷对景德镇的控制。这种彩瓷常用法语称谓"绿色系"(famille verte)表示,以示绿色为主的色调,始于康熙时期,并在 19 世纪下半叶复兴,使得有这种类型装饰的瓷器很难断代。不过,从花瓶的器形、颈部稀疏的图案和装饰上金色轮廓线的使用来看,这件花瓶可能制作于 18 世纪早期。肩部四角有如意云头开光,填满树木植物,且越过了开光的边框,直接置于菱格形底纹之上。除此之外,颈部和口沿下方区域填满绿、蓝、黑等色调的几何纹饰。这样的图案最早出现于 16 世纪晚期,后来绘制得日益浓密。这件花瓶具有典型的康熙时期的器足,内凹施釉,釉下青花秋叶款,可能是康熙晚期烧制。

肩部细节。

35
景德镇窑豇豆红釉莱菔瓶

清代,康熙时期,康熙本朝款
高 7¾ 英寸(19.7 厘米)
1913 年,本杰明·阿特曼遗赠(14.40.377)

图 35.1 豇豆红釉文房一组,清代,康熙款,2⅞ 至 8¼ 英寸。从左至右:苹果尊,H. O. 哈弗梅耶旧藏,1929 年,H. O. 哈弗梅耶夫人遗赠(29.100.331);蟠螭瓶、柳叶瓶、印盒,1913 年,本杰明·阿特曼遗赠(14.40.362、.381、.369);莱菔瓶,1950 年,玛丽·斯迪尔曼·哈克尼斯遗赠(50.145.286);太白尊与菊瓣瓶,1965 年,爱德温·C. 沃格尔(Edwin C. Vogel)捐赠(65.225.3、.5);镗锣洗,H. O. 哈弗梅耶旧藏,1929 年,H. O. 哈弗梅耶夫人遗赠(29.100.352)。

此瓶釉色细腻精雅,红色斑驳,微隐苔绿,诚可显示 17 世纪晚期至 18 世纪早期中国瓷器的诸多改良与革新之处。这种豇豆红釉在西方文献中多被称为"桃花片"(peach bloom),在汉语中亦称为"美人醉"或"娃娃脸"。

豇豆红釉的形成是基于烧造时铜元素不同层次的反应,最初可能起因于 15 世纪早期尝试对铜红釉礼器的再现。这种釉究竟是如何生产的,相关的讨论仍在继续,但其亮泽的釉面似乎是通过多层吹釉或喷釉施加在器体上的。

一般认为,这种令人惊艳的釉是 18 世纪早期在江西巡抚郎廷极(1663—1715)的督管下创烧而成的。郎廷极 1705—1712 年间在景德镇督窑。这种釉似乎专门用于小花瓶和其他文房用品。器颈底部的三圈凸棱将此瓶的器形和此处所示 8 件成组器物(图 35.1)中的另外三件瓶区分开来。这套组合不知道是否真的使用过,最有可能的是它们被生产出来作为送给朝中要员的礼物。器物底部以釉下青花写就的六字康熙款表明其生产于御窑。按照从上到下、从右至左的阅读顺序,款识读为"大清康熙年制"。

颜色更深的牛血红釉也是通过控制铜在釉中的比例而被创造出来的(图 35.2)。与豇豆红釉不同,这种釉从 18 世纪早期用到了 20 世纪,同时见于各种大小器物。

中国的高温铜红釉常被模仿。比如 19 世纪,这样的釉色既再现于巴黎外塞夫勒的大工厂,也见于工作室中陶艺师的作品——特别是那些和"新艺术运动"(1890—1910)风格有关者。图 35.3 中的方瓶是由欧内斯特·查普雷特(Ernest Chaplet)在塞夫勒时设计的,这件瓶的方形及其引人瞩目的带有条斑纹的釉色均受到了中国作品(图 35.4)的启发。查普雷特在 1889 年巴黎的世界博览会上凭借其牛血红釉作品赢得了奖章。

图 35.2 景德镇窑牛血红釉瓶,清代,康熙时期,18 世纪早期,高 7⅞ 英寸(20 厘米)。1923 年,玛丽·克拉克·汤普森(Mary Clark Thompson)遗赠(24.80.537)。

图35.3 欧内斯特·查普雷特（1835—1909），塞夫勒窑波釉瓷方瓶，约1889年，高15⅜英寸（39.1厘米）。小罗伯特·A.艾里森旧藏，2013年，伊萨克森–德雷珀（Isaacson-Draper）基金会捐资购藏（2013.477）。

图35.4 景德镇窑波釉冬瓜瓶，清代，19世纪早期，高12¾英寸（32.4厘米）。H. O. 哈弗梅耶旧藏，1929年，H. O. 哈弗梅耶夫人遗赠（29.100.323）。

36
景德镇窑五彩描金海波龙纹盘

清代，18 世纪前半叶

口径 19½ 英寸（49.5 厘米）

2001 年，迈克尔·L. 罗森伯格（Michael L. Rosenberg）捐赠（2001.362）

盘中央腾跃于波涛之上的龙是瑞兽，象征着自然威仪，并佑护苍生。它有两只白角、生动的眼睛、长吻，蜿蜒的长身上有四条张开爪子的短腿。四条腿中有三条可见，第四条隐藏在水中。它在追赶一颗火珠，火珠的概念是受到如意珠（cintamani）的启发，而如意珠是随着印度佛教一起传到中国。

此景周围有深蓝色的带状纹，带状纹上平均点缀着六个小开光，开光内填有花卉纹。口沿一周两种云状图案交替出现，色彩极为丰富。红地图案上有白色花卉与模式化的叶纹相配；蓝地、绿白边沿的图案上有红色、金色的菊花和白色的梅花。与红地上的花朵一样，这些白色花朵和彩色轮廓用留白手法表现。四组带有红黄花朵和绿叶花枝

背面。

的装饰被绘制在背面。

明清过渡的动荡时期，困扰中国的许多难题都给景德镇的生产带来负面影响。这导致荷兰人和其他商人转向日本获取瓷器以供应如饥似渴的西方市场。有些人认为像这样的盘子是专门为与日本产品竞争而生产的。红蓝主色与口沿致密而有层次的图案也可见于日本的器物（图36.1），以及红色和金色的菊花绘制得扁平板滞的正面形象与背面彩绘的花枝也是如此。

中国和日本瓷器的交流长期持续且错综复杂。多层图案和正面的花卉是清代早期瓷器的特色形象，表明其图案可能源于当时的中国，然后传播到迅速发展的日本制瓷工业，稍后又在中国重兴，以回应来自日本的竞争。

图36.1　肥前窑伊万里样式五彩瓶花纹盘，日本，江户时代，约1700年，口径17⅜英寸（44.1厘米）。1923年，V.埃弗雷特·梅西（V. Everit Macy）夫人捐赠（23.225.118）。

37
景德镇窑青花伞下仕女图盘

清代，约 1734—1737 年

口径 19½ 英寸（49.5 厘米）

海伦娜·沃尔沃斯·麦肯旧藏，1968 年，温菲尔德（Winfield）
基金会捐资购藏（68.153）

图 37.1　科内利斯·普朗克（Cornelis Pronk，1691—1759）为中国瓷器设计的"伞下仕女"图样，约 1734 年。纸本，墨水及颜料，7⅜×6 英寸（19×16.2 厘米）。阿姆斯特丹荷兰国立博物馆藏，RP-T-1967-18。

这件大盘尽管是在中国制作和绘制的，但女子凝视或投喂水禽的迷人场景（图 37.1）是在荷兰由科内利斯·普朗克（Cornelis Pronk，1691—1759）设计的。这位画家兼设计师于 1734 年受荷兰东印度公司委任，为生产于中国、面向欧洲市场的瓷盘设计了四种图样。这个场景，常被称为伞下仕女，是最为流行可能也是最有利可图的图样。至 18 世纪早期，荷兰人主导了中国瓷器向欧洲的出口贸易，像这样成套的青花瓷盘，有时在阿姆斯特丹能卖

图37.2 肥前窑伊万里样式青花五彩伞下仕女图盘，日本，江户时代，约1734—1737年，口径10½英寸（26.7厘米）。罗杰·G.格里博士及夫人旧藏，2000年，罗杰·G.格里博士及夫人遗赠（2002.447.121）。

图37.3 图37.2的背面。

出一套房子的价格。

这款中国瓷盘充分采纳了荷兰人的设计，除了女子和为她撑伞的侍从，原始设计中的三只水禽也出现在画面中，背景中有草地和中国无名艺术家加上的竹子。此外，普朗克对中国服装的观念更多受到了稍早和同时期欧洲人描绘的中国人物的影响，而非实际的中国人形象的影响。荷兰图样和中国瓷盘器内图案周围都绘有花枝、花朵纹的带状边纹，口沿一周则均装饰以砖状的方格纹，间以开光。两个较小的开光填以中国女子，另两个则填以撑伞的侍从。鸠鹦、带翎颔的鸟、鸭子、鹈鹕绘在四个较大的开光中，并配以优雅的边饰。瓷器的底部绘以普朗克设计的昆虫图案。

在18世纪早期，位于景德镇的中国瓷窑复烧且恢复了它们在全球贸易中的至高地位，但和日本的竞争仍在持续。这种竞争始于17世纪中期，即日本开始烧造瓷器之后，明清易代战乱之时。荷兰图样也被绘制在稍小的生产于日本肥前地区的瓷盘上（图37.2）。不过穿着和服、配以腰封、梳着当时流行发式的日本女人和年轻的侍女替代了中国女子和她的男性随从。昆虫被用红彩绘在此件瓷盘的背面（图37.3）。日本画中明艳的红彩、蓝彩和绿彩是和伊万里瓷器风格相近的颜色。拥有此类装饰的日本瓷器广泛生产于肥前地区，同时用于国内和外销欧洲。

127

38
景德镇窑粉彩九桃天球瓶

清代，乾隆时期（1736—1795），乾隆本朝款

高 20⅛ 英寸（51.1 厘米）

伊萨克·D. 弗莱彻夫妇旧藏，1917年，伊萨克·D. 弗莱彻遗赠（17.120.193）

这件天球瓶彩绘精美细致，上有两棵桃树左右伸展，延至瓶口，九枚桃子和满树桃花跃然而出，分别伸向左右和器颈上。桃子是长寿的象征，且被认为是神仙享用之物。它们经常出现在中国艺术中，在文学与诗歌中也常被提及。花枝上九个桃子的图案可被解读为长寿的祝福。色彩中具有晕染效果的粉色与白色发展于18世纪早期，在某种程度上，是从欧洲引入使用的胶体金描绘粉色的结果。这些色彩的引入可追溯至服务于康熙朝的天主教耶稣

图38.1 景德镇窑粉彩九桃天球瓶，清代，19世纪前半叶，高20英寸（50.8厘米）。伊萨克·D. 弗莱彻夫妇旧藏，1917年，伊萨克·D. 弗莱彻遗赠（17.120.194）。

细节。

细节。

俯视器物口部和底部。

会教士进献给康熙皇帝（1662—1722年在位）的欧洲珐琅料。不过，在西方珐琅料中，氧化锡被用来增强白色的不透明度，而中国人则是用砷酸铅。

这些拓展色调的发展也刺激了新图案的创造，比如此瓶上的图案创于雍正朝（1723—1735），且一直应用至20世纪。基于法国学者阿尔伯特·雅克马特（Albert Jacquemart，1808—1875）于1873年撰写的陶瓷史，西方学界称之为"粉色系"（famille rose），这包括汉语中所称的珐琅彩或洋彩、粉彩或软彩等。

此瓶和一件与之类似的瓶（图38.1）在器形和画风方面的细微差别表明了清代瓷器断代的复杂性；器形与纹饰在近三百年的时间里被重复使用。较圆的底部和稍长的颈部将此瓶和图38.1中的瓶区分开来，且表明在两瓶中它的年代较早。除此之外，这件较早的器物上桃、叶、花及枝条的图案相较于图38.1中的瓶更显自然、更为立体，桃子的颜色也更为丰富精细。较早瓶上的桃花比后来瓶上的更生动，其轮廓描画使用了更多粉色调，且用突起的白点来强调花蕊。另外，较早瓶上的棕色枝条比较晚瓶上程式化的蓝色枝条绘制得更为自然。尽管两件瓶底部都有六字乾隆款，但图38.1中的瓶似乎烧造于19世纪。乾隆款常见于19—20世纪生产的陶瓷；强大的乾隆帝的长期统治是中国历史上的重要时期，被视为一个具有分水岭意义的时代。

39
景德镇窑绿地轧道粉彩描金山水图瓶

清代，18 世纪晚期至 19 世纪早期

高 14⅝ 英寸（37.1 厘米）

伊萨克·D. 弗莱彻夫妇旧藏，1917 年，伊萨克·D. 弗莱彻遗赠（17.120.192）

18世纪和19世纪早期生产的陶瓷常呈现出对中国漫长文化史的复杂理解,以及多层精细装饰表面的品位。数千年来器形虽有无数变体,此类双耳瓶的器形可最终追溯至青铜时代的壶(如图版2)。环绕器腹一周的绘饰同样具有历史蕴意;常与乐土和其他仙境相关的青绿色调始于唐代,且历代宫廷与文人艺术家对此均有新的诠释。

花瓶上的景观因橙黄、粉红、灰等色彩的加入而显得更加绚丽,景观中有在偏远宁静之所享受夏日漫游的文人。微小的人物和高大山体的对比,源于出现在900—1100年间的中国绘画传统。连续、水平的构图方式表明,在转动瓶体时应从右至左观看,就像中国手卷需要展开观看画面一样。山上的亭子和山下较大的建筑将视线引向站在码头俯视宽阔水域的三位文人。另外三个人物正走向另一楼阁,一座桥将这第二个段落和基部前景连接起来。

颈部和肩部装饰采用复杂的刻划卷草纹并覆以淡绿釉。在这一背景上又饰以深绿彩、蓝彩及粉红彩绘制的缠枝花卉纹,包括中心带寿字的菊花。颈部中央珊瑚色的条块无刻划装饰,而是填以花卉纹和蝠纹。腹部下方近底处亦用淡绿色背景,蓝色底足上六边框纹相连,中填花卉纹。口沿、足、器耳和各装饰带的边界均饰以金边。

底部六字红彩款表明此瓶年代为乾隆时期。但长颈、棱角分明的器体和程式化的龙形耳又表明其应制作于之后的嘉庆朝(1796—1820)。乾隆款不仅出现在这个时期的作品,也常见于19世纪和20世纪生产的瓷器上。

40
景德镇窑青花釉里红莲池鹭纹盘

清代，19世纪晚期
直径 16¾ 英寸（42.5 厘米）
1879 年，专项购藏（79.2.440）

这件画工精细的大盘可能是景德镇民窑生产的一件特殊的订制品，目前尚未见其他相同装饰、类似大小的盘子。画面表现了夏日荷塘，三只白鹭在中央休息，莲池中布满了盛开的红色莲花，红、蓝相配的莲蓬与蓝色荷叶。位居上方的禽鸟正转头看着另外两只。这一主题很有可能受到了鸳鸯莲池纹的影响。鸳鸯莲池纹于14世纪开始出现在中国艺术中，被视为婚姻幸福的象征。在盘子的背面有五只以釉下青花绘制的蝙蝠，这种瑞禽代表了传统中国文化中的"五福"——寿、富、康宁（即健康）、攸好德、考终命（善终）。

图案中的荷叶留白处理，白瓷上以淡蓝色青花勾勒叶脉，白鹭是鹭鸶的一种，莲中鹭鸶的主题发展于康熙时期，也出现于18世纪至19世纪早期。19世纪晚期，这一主题变得非常流行，出现在为慈禧太后（1835—1908）御用制作的盘子上。尽管在西方文献中慈禧常被描述为专制者——这位强势的女子是其侄子光绪皇帝在位期间（1875—1908）真正的统治者，但在其统治期间，她在当时的艺术和设计的复兴和再诠释上扮演了重要角色。

若干风格特征表明，这件盘可能是19世纪后半叶的产品。覆满盘面的莲花和莲叶完全符合当时瓷器绘画的特征，大莲叶边缘卷起的效果也是如此。同样反映典型的包括瓷器上的绘画强调线性，各种各样表现白鹭羽毛的线条，例如表现阴影的斜纹，以及勾画莲花、莲叶和莲茎的线和点。

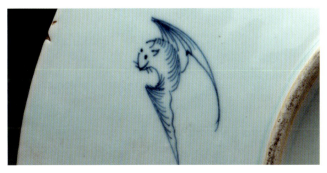

盘背面蝙蝠纹的细节。

41
景德镇窑墨彩浅绛山水高士图瓶一对

民国（1912—1949），约 1915—1935 年

高 6 3/8 英寸（16.2 厘米）

1968 年，哈莱·G. 沃森（Harleigh G. Wathen）夫妇捐赠（68.4.1 和 68.4.2）

像这对小花瓶一样使用镜像的做法，在中国瓷器中最早见于 20 世纪。瓶上，两个文人和一个年轻的侍从站在一棵刚开花的大树下，侍从抱着用布包起的古琴，表明这一行人是在早春出游的路上。停泊在邻近河岸的小船为画面叙事增添了格调，瓶子的背面场景与前面场景无缝衔接。用厚厚的白色彩料描绘的雅致的梅花是冬春换季的象征，它们在树枝上刚刚绽放。

这件 20 世纪早期花瓶上的主要色彩是墨黑与棕红。尽管它们在瓷器绘画上出现的时间更早，但直到 19 世纪下半叶和 20 世纪早期才兴盛起来。在这一被称为"浅绛"

的传统中，粉、绿、黄等彩料设色柔和，表现树木花草。19世纪此类型彩绘的彩料很易剥落，直到约1910年这些彩料被更耐用的进口颜料替代。这两件瓶上的色彩状况表明，它们是用新引进的颜料绘制的，也可以帮助我们将其年代推断为20世纪早期。底部四字款识为"洪宪年制"，为釉上蓝料款，很可能是对瓶生产数年甚至数十年后添上的。"洪宪"是民国时期首任大总统袁世凯（1859—1916）称帝时的年号，他在1915—1916年间曾称帝83天。生产瓷器以纪念登基或年号变更是长期以来的传统，这件事情被委托给景德镇，尽管景德镇当时已是一片混乱——部分原因是19世纪末至20世纪初清朝的衰亡。

因御窑关闭而流离失所的艺术家和民窑艺匠可被雇用制作和匿名绘制洪宪瓷器。不过，直到1920年之前都没有洪宪订单的记录，关于这项委托是否存在以及是否实现的讨论仍在继续。高水平浅绛技术的使用、对微小细节的关注以及山水景观所展现出的活力，与20世纪早期艺术家绘制的作品十分相似。这对迷人的花瓶即便并非应洪宪之命而制，也很可能是在1915年前后或之后稍晚制作的。

延伸阅读

Barnes, Laurie E., et al. *Chinese Ceramics from the Paleolithic Period through the Qing Dynasty*. New Haven, Conn.: Yale University Press; Beijing: Foreign Languages Press, 2010.

Carswell, John. *Blue & White: Chinese Porcelain around the World*. London: British Museum Press, 2000.

Cort, Louise Allison, and Jan Stuart. *Joined Colors: Decoration and Meaning in Chinese Porcelain. Ceramics from Collectors in the Min Chiu Society, Hong Kong*. With a contribution by Laurence Chi-sing Tam. Exh. cat. Washington, D. C.: Arthur M. Sackler Gallery, Smithsonian Institution; Hong Kong: Tai Yip Co., 1993.

Curtis, Julia B. *Chinese Porcelains of the Seventeenth Century: Landscapes, Scholars' Motifs and Narratives*. With an essay by Stephen Little. Exh. cat. New York: China Institute Gallery, 1995.

——. *Trade Taste & Transformation: Jingdezhen Porcelain for Japan, 1620–1645*. With contributions by Stephen Little and Mary Ann Rogers. Exh. cat. New York: China Institute, 2006.

Emerson, Julie, Jennifer Chen, and Mimi Gardner Gates. *Porcelain Stories: From China to Europe*. Seattle: Seattle Art Museum, 2000.

Finlay, Robert. *The Pilgrim Art: Cultures of Porcelain in World History*. Berkeley: University of California Press, 2010.

Fong, Wen C., and James C. Y. Watt. *Possessing the Past: Treasures from the National Palace Museum, Taipei*. With contributions by Chang Lin-sheng et al. Exh. cat. New York: The Metropolitan Museum of Art; Taipei: National Palace Museum, 1995.

Harrison-Hall, Jessica. *Catalogue of Late Yuan and Ming Ceramics in the British Museum*. London: British Museum Press, 2001.

He Li. *Chinese Ceramics: A New Comprehensive Survey from the Asian Art Museum of San Francisco*. New York: Rizzoli, 1996.

In Pursuit of the Dragon: Traditions and Transitions in Ming Ceramics. An Exhibition from the Idemitsu Museum of Arts. Exh. cat. Seattle: Seattle Art Museum, 1988.

Kraak Porcelain: The Rise of Global Trade in the Late 16th and Early 17th Centuries. Exh. cat. London: Jorge Welsh, 2008.

Krahl, Regina, et al., eds. *Shipwrecked: Tang Treasures and Monsoon Winds*. With contributions by Alison Effeny et al. Exh. cat. Washington, D. C.: Arthur M. Sackler Gallery, Smithsonian Institution; Singapore: National Heritage Board and Singapore Tourism Board, 2010.

Le Corbeiller, Clare, and Alice Cooney Frelinghuysen. "Chinese Export Porcelain." *The Metropolitan Museum of Art Bulletin*, n. s., 60, no. 3 (Winter 2003).

Little, Stephen. *Chinese Ceramics of the Transitional Period, 1620–1683*. Exh. cat. New York: China House Gallery, China Institute in America, 1983.

Mino, Yutaka, and Katherine R. Tsiang. *Ice and Green Clouds: Traditions of Chinese Celadon*. Exh. cat. Indianapolis: Indianapolis Museum of Art; Bloomington: Indiana University Press, 1986.

Mowry, Robert D. *Hare's Fur, Tortoiseshell, and Partridge Feathers: Chinese Brown- and Black-Glazed Ceramics, 400–1400*. With contributions by Eugene Farrell and Nicole Coolidge Rousmaniere. Exh. cat. Cambridge, Mass.: Harvard University Art Museums, 1996.

Pierson, Stacey. *Designs as Signs: Decoration and Chinese Ceramics*. Exh. cat. London: Percival David Foundation of Chinese Art, School of Oriental and African Studies, University of London, 2001.

——. *Earth, Fire and Water: Chinese Ceramic Technology. A Handbook for Non-specialists*. London: Percival David Foundation of Chinese Art, School of Oriental and African Studies, University of London, 1996.

——., ed. *Qingbai Ware: Chinese Porcelain of the Song and Yuan Dynasties*. London: Percival David Foundation of Chinese Art, 2002.

——., ed. *Song Ceramics: Art History, Archaeology and Technology*. London: Percival David Foundation of Chinese Art, School of Oriental and African Studies, University of London, 2004.

——. *Song Ceramics: Objects of Admiration*. With S. F. M. McCausland. Exh. cat. London: School of Oriental and African Studies, University of London, 2003.

Rinaldi, Maura. *Kraak Porcelain: A Moment in the History of Trade*. London: Bamboo, 1989.

Rousmaniere, Nicole Coolidge. *Vessels of Influence: China and the Birth of Porcelain in Medieval and Early Modern Japan*. London: Bristol Classical Press, 2012.

Scott, Rosemary E., ed. *The Porcelains of Jingdezhen*. London: Percival David Foundation of Chinese Art, School of Oriental and African Studies, University of London, 1993.

Scott, Rosemary E., et al. *Imperial Taste: Chinese Ceramics from the Percival David Foundation*. Exh. cat. San Francisco: Chronicle Books; Los Angeles: Los Angeles County Museum of Art; London: Percival David Foundation of Chinese Art, 1989.

Ströber, Eva. *Ming: Porcelain for a Globalised Trade*. Exh. cat., Keramiekmuseum Princessehof, Leeuwarden, The Netherlands. Stuttgart: Arnoldsche Art Publishers, 2013.

Vainker, S. J. *Chinese Pottery and Porcelain*. 2nd ed. London: British Museum Press, 2005.

Valenstein, Suzanne G. *A Handbook of Chinese Ceramics*. Rev. ed. New York: The Metropolitan Museum of Art, 1989.

Watt, James C. Y. "The Arts of Ancient China." *The Metropolitan Museum of Art Bulletin*, n. s., 48, no. 1 (Summer 1990).

致　谢

大都会艺术博物馆亚洲艺术部和编辑部同事的全心投注、慷慨与知识深深融入在本书中。应该特别感谢亚洲艺术部道格拉斯·狄龙专席主任何慕文（Maxwell K. Hearn），感谢他对这一项目的支持和鼓励。此书也得到了部门杰出的行政团队的帮助：朱迪斯·G. 史密斯（Judith G. Smith）、吉尔·维肯海塞尔（Jill Wickenheisser）、叶惠玲（Hwai-ling Yeh-Lewis）、杰茜卡·玛丽·库恩（Jessica Marie Kuhn）、杰奎琳·特舍勒（Jacqueline Taeschler）、琼·金（JoAnn Kim）、王静惠（Sunny Ching Hui Wang）和蒂根·米勒（Tegan Miller），还有优秀的技术人员比阿特丽斯·平托（Beatrice Pinto）、伊姆提卡·阿里（Imtikar Ally）、洛丽·卡里尔（Lori Carrier）和路易斯·努涅斯（Luis Nuñez）等。

艾利森·克拉克（Alison Clark）对摄影细致的指导配得上一枚勋章，这些摄影作品不仅包括了来自亚洲艺术部的陶瓷，还包括了来自博物馆其他部门用于对比的作品。我非常感谢欧洲雕塑与工艺及伊斯兰艺术部门的同事与我分享其藏品中的器物，也非常感谢现当代艺术部、希腊罗马艺术部和欧洲绘画部的同事。我要感谢彭盈真，因为她在部门担任简（Jane）和摩根·惠特尼（Morgan Whitney）客座研究员期间进行的研究令我受益，我也曾与她展开的关于中国陶瓷史的广泛讨论。谢尔曼·费尔柴尔德器物修复中心的维基·帕里（Vicki Parry）的专业知识让我获益良多。

芭芭拉·卡瓦列雷（Barbara Cavaliere）已经编辑了若干册"如何读……"系列丛书，她对"如何读……"系列的贡献见于她耐心而细致的编辑工作。简·S. 泰（Jane S.Tai）负责采购增置的图片，杰恩·库奇纳（Jayne Kuchna）负责编辑"延伸阅读"。还应该感谢编辑部的马克·波利佐蒂（Mark Polizzotti）、格温·罗金斯基（Gwen Roginsky）、米歇尔·西滕费尔德（Michael Sittenfeld）、彼得·安东尼（Peter Antony）和罗伯特·韦斯伯格（Robert Weisberg）等，感谢克里斯托弗·齐凯罗（Christopher Zichello）在制作此书时的精心协调与管理。除此之外，我深深感激李蔼昌（Oi-Cheong Lee）设想周到、典雅美观的摄影，还有米可·麦金蒂（Miko McGinty）股份有限公司的丽塔·朱尔斯（Rita Jules）富于想象力的精心设计。

李丹丽（Denise Patry Leidy）
布鲁克·鲁塞尔·阿斯特专席研究员（Brooke Russell Astor Curator）
大都会艺术博物馆亚洲艺术部